AUTORE

Eduardo Manuel Gil Martínez (25 giugno 1970) storico e appassionato della storia spagnola da diversi anni, principalmente sulla seconda guerra mondiale e l'età della Reconquista. Autore di numerosi testi sulla seconda guerra mondiale per riviste spagnole e italiane come "Revista Española de Historia Militar", AMARTE, "Ritterkreuz" o " Le forze dell'asse nella seconda guerra mondiale 1939-1945 ". Oltre al titolo che pubblichiamo è anche l'autore di: "Sevilla Reina y Mora. Historia del reino independiente sevillano. Siglo XI ", "Breslau 1945. El último bastión del Reich", "Gli spagnoli nelle SS e nella Wehrmacht. 1944-45. L'unità Ezquerra nella battaglia di Berlino "," L'aeronautica bulgara nella seconda guerra mondiale. L'alleato dimenticato della Germania "," Forze corazzate rumene nella seconda guerra mondiale "," Forze corazzate ungheresi nella seconda guerra mondiale", "Aeronautica spagnola nella seconda guerra mondiale", "Hispano Aviación Ha-1112" (sull'ultimo Messerschmitt 109 mai costruito in Spagna) e altri testi per importanti editori come Almena , Kagero, Schiffer e Pen & Sword.

PUBLISHING'S NOTES

None of unpublished images or text of our book may be reproduced in any format without the expressed written permission of Luca Cristini Editore (already Soldiershop.com) when not indicate as marked with license creative commons 3.0 or 4.0. Luca Cristini Editore has made every reasonable effort to locate, contact and acknowledge rights holders and to correctly apply terms and conditions to Content.
Every effort has been made to trace the copyright of all the photographs. If there are unintentional omissions, please contact the publisher in writing at: info@soldiershop.com, who will correct all subsequent editions.
Our trademark: Luca Cristini Editore@, and the names of our series & brand: Soldiershop, Witness to war, Museum book, Bookmoon, Soldiers&Weapons, Battlefield, War in colour, Historical Biographies, Darwin's view, Fabula, Altrastoria, Italia Storica Ebook, Witness To History, Soldiers, Weapons & Uniforms, Storia etc. are herein @ by Luca Cristini Editore.

LICENSES COMMONS

This book may utilize part of material marked with license creative commons 3.0 or 4.0 (CC BY 4.0), (CC BY-ND 4.0), (CC BY-SA 4.0) or (CC0 1.0). We give appropriate attribution credit and indicate if change were made in the acknowledgments field. Our WTW books series utilize only fonts licensed under the SIL Open Font License or other free use license.

For a complete list of Soldiershop titles please contact Luca Cristini Editore on our website: www.soldiershop.com or www.cristinieditore.com. E-mail: info@soldiershop.com

RINGRAZIAMENTI

Un ringraziamento va a Massimiliano Afiero, alle pagine Facebook: "A Difesa dei cieli d'Italia e ANR Aeronautica Nazionale Repubblicana, ad EA51.org, Web "Aerei nella Regia Aeronautica" Asisbiz, 4° Stormo e Marisol García Gómez.

Un ringraziamento speciale va infine agli amici della Kagero Publishing (PL) per la gentile concessione dei profili aerei presenti nella loro edizione in inglese (2018).

A Solete, la mia vita.
Ai miei genitori, Salud e Eduardo.
A Caco, Iñigo, Ibón e June.
A Merce e Ricardo.

Titolo: **AERONAUTICA NAZIONALE REPUBBLICANA A.N.R. 1943-1945** Code.: **WTW-010 IT**
Di Eduardo Manuel Gil Martínez. Traduzione dallo spagnolo di Anna Cristini
ISBN code: 978-88-93275545 prima edizione febbraio 2020
Lingua: Italiano Nr. di immagini: 106 dimensione: 177,8x254mm Cover & Art Design: Luca S. Cristini

WITNESS TO WAR (SOLDIERSHOP) is a trademark of Luca Cristini Editore, via Orio, 35/4 - 24050 Zanica (BG) ITALY.

WITNESS TO WAR

AERONAUTICA NAZIONALE REPUBBLICANA A.N.R. 1943-1945

L'EPICA LOTTA DELL'AVIAZIONE DELLA RSI

PHOTOS & IMAGES FROM WORLD WARTIME ARCHIVES

EDUARDO MANUEL GIL MARTÍNEZ

BOOKS TO COLLECT

INDICE

INTRODUZIONE .... Pag. 5

LE ORIGINI DELL'ANR
- L'ITALIA IN GUERRA .... Pag. 7
- LA REPUBBLICA SOCIALE ITALIANA (R.S.I.) .... Pag. 8
- L'AERONAUTICA NAZIONALE REPUBBLICANA (A.N.R.) .... Pag. 11

I GRUPPI CACCIA
- I GRUPPI CACCIA .... Pag. 21
- RUOLINI DI GUERRA DEI CACCIA DELL'ANR .... Pag. 47
- I CACCIA DELL'ANR .... Pag. 49
- I NEMICI .... Pag. 53

GRUPPO AEROSILURANTE "BUSCAGLIA/FAGGIONI" .... Pag. 63

GRUPPO DI BOMBARDIERI "ETTORE MUTI" .... Pag. 77

GRUPPI DI TRASPORTO .... Pag. 77
- I GT "TERRACCIANO"
- II GT "TRABUCCHI"
- III GT "DE CAMILLIS"

ALTRI GRUPPI AEREI .... Pag. 85

GRUPPO AEREO DI TRASPORTO
- UNITA AEREA DI COLLEGAMENTO
- SCUOLA ALIANTI
- SCUOLA DI VOLO
- REPARTO AEREO EGEO

ALTRI REPARTI OPERATIVI .... Pag. 87
- ARTIGLIERIA ANTIAEREA
- SERVIZIO SEGNALAZIONE SCOPERTA AEREA
- GRUPPO PARACADUTISTI
- BATTAGLIONE ANTI PARACADUTISTI.
- BATTAGLIONE DI ASSALTO "FORLÌ"

BIBLIOGRAFIA .... Pag. 97

INTRODUZIONE

La partecipazione italiana nella Seconda Guerra Mondiale fu alquanto controversa. L'Italia, firmando l'entrata nell'Asse, iniziò il conflitto a fianco del Reich tedesco, condividendone il destino, almeno fino alla metà del 1943, quando con il nuovo governo Badoglio decise di passare al fronte Alleato vedendo come quest'ultimi avevano ormai preso piede in Italia occupando gran parte del territorio. L'8 settembre del 1943, quindi, l'Italia abbandonò la vecchia alleanza con i tedeschi approfittando dell'armistizio, tuttavia questa situazione fu assai lontana dal vedere d'accordo l'intera penisola.

Questo cambio di fronte repentino, infatti, alla fine riguardò solo il Sud, lasciando tutto il Centro ed il Nord del paese, di fatto, sotto il controllo tedesco e, dopo la liberazione di Mussolini, al comando del nuovo governo fascista repubblicano italiano. Il nome scelto per questo "nuovo" Paese fu Repubblica Sociale Italiana, (anche noto come Repubblica di Salò) e come prima cosa il Duce ordinò di formare immediatamente una forza difensiva del paese. Le storie di questi uomini, tanto l'esercito di terra come quello dei cieli, a distanza di anni non sono ancora state ben raccontate. Delle tre armate poi, l'aviazione fu tra quelle che ebbe un certo peso nei combattimenti contro gli Alleati fino alla fine della Guerra. Questo libro vuole quindi dare spazio alla storia dell'Aeronautica Nazionale Repubblica (ANR), quel ramo dell'esercito della R.S.I. formato da uomini i quali, nonostante la disperata situazione, combatterono fino alla fine per difendere la propria terra e il loro popolo dai bombardamenti degli Alleati.

Si cercherà di ricordare in maniera chiara, ma non accademica, i fatti successi dal 1943 al 1945, basandoci su ottime pubblicazioni quali quelle realizzate da Nick Beale, Ferdinando D'Amico, Gabriele Valentini, Marco Mattioli, Maurizio Di Terlizzi, Giovanni Massimello, Massimiliano Afiero, Giorgio Apostolo, Roberto Gentilli, Paolo Waldis e Marino De Bortoli e diversi altri.

La punta di diamante dell'ANR erano i caccia, seguiti dai bombardieri medi (torpedo) SM79 (Sparviero), mentre il resto delle unità ricopriva un ruolo secondario nelle azioni belliche. Tuttavia, al contrario di ciò che si potrebbe pensare, l'ANR non era costituita solo da aerei, bensì anche da truppe sussidiarie come: unità paracadutiste, artiglieria antiaerea, ecc...

Le risorse dei diversi gruppi dell'ANR ebbero un alto prezzo, economico e certamente umano, tanto che alla fine si conteranno circa 3.120 uomini caduti. Come ben ricordato nelle pagine a venire, le motivazioni che spinsero a continuare la lotta con la RSI in un'Italia non belligerante (e poi di fatto insieme agli Alleati) sono molte e variegate. Ma a monte di tutto, ciò che è innegabile fu l'alto grado di motivazione, sforzo e assunzione del rischio da parte di queste persone, che combattevano una battaglia che sapevano persa in partenza, concentrando tutte le loro fatiche sulla difesa della popolazione. Nonostante nel libro si parli dei diversi gruppi dell'ANR, questo testo mette in enfasi soprattutto i due gruppi maggiormente impegnati nel conflitto: il gruppo dei caccia e il gruppo degli aerosiluranti. Infine, partendo dalla considerazione che la miglior guerra è quella che non inizia e che la violenza non è mai la soluzione reale dei problemi, bisogna saper valutare le azioni dei soldati di ogni Paese in guerra, inclusi gli uomini dell'ANR. Che questo libro serva come ricordo e omaggio ad ogni uomo o donna che decide di offrire la propria vita per difendere la sua terra, lottando contro un nemico tenendo sempre presenti le proprie convinzioni.

NOTE DELL'EDITORE

Ho aderito con entusiasmo alla pubblicazione di questo volume sulla storia dell'aviazione italiana in un periodo critico come quello vissuto alla fine della seconda guerra mondiale. Questo anche per motivi, curiosamente personali. Abito infatti "fisicamente" proprio nel perimetro dove nel 1943-45 attorno all'aeroporto militare di Orio al Serio erano posti gli hangar per occultare i caccia e dove trovavano sede le batterie antiaeree della Flak. In più, il mio paese, Zanica ha dato i natali ad un noto pilota degli aerosiluranti: Agostino Brolis che volò con Buscaglia. A lui, per parte mia, dedico la pubblicazione di questo libro.

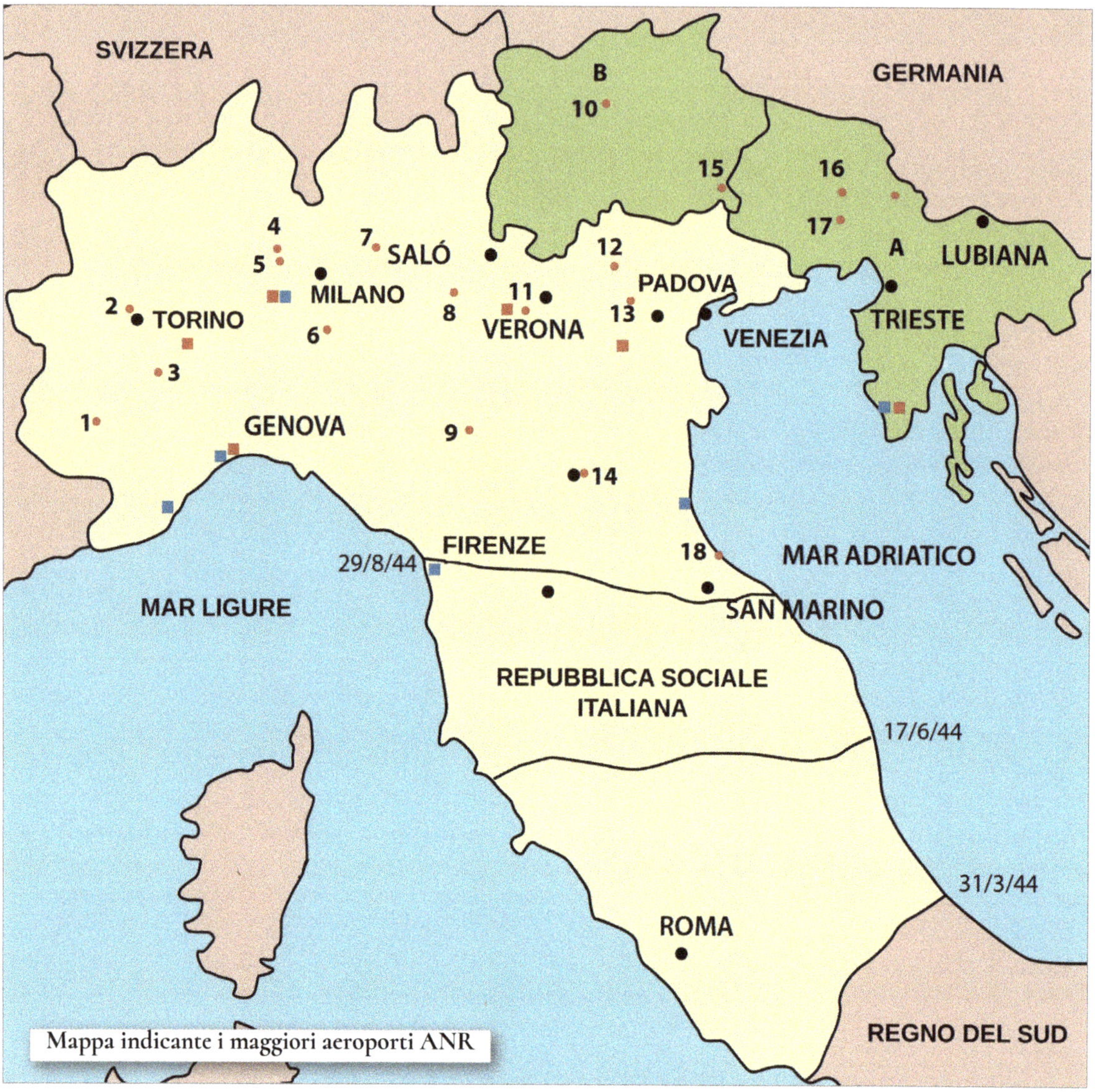

Mappa indicante i maggiori aeroporti ANR

1 Cuneo.
2 Venaria Reale.
3 Cervere.
4 Malpensa.
5 Lonate Pozzolo.
6 Cascina Vaga.
7 Orio al Serio.
8 Ghedi.
9 Reggio Emilia.
10 Bolzano.
11 Villafranca.
12 Thiene.
13 Vicenza.
14 Bologna.
15 Aviano.
16 Osoppo.
17 Campoformido.
18 Rimini.

Quadrato blu: Stazione radar "Würzburg".
Quadrato rosa: Stazione radar "Freya".
A: Zona operazioni costa adriatica (ZOLA). sotto la supervisione tedesca.
B: Zona operazione arco sub alpino (ZOEA). sotto la supervisione tedesca.

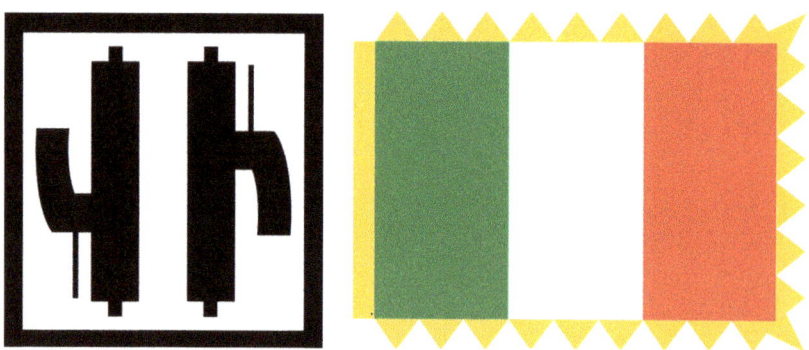

▲ Insegne nazionali usata sugli aerei ANR (su ali e fusoliera)

LE ORIGINI DELL'ANR

L'ITALIA IN GUERRA

Allo scoppio della seconda guerra mondiale, l'Italia aveva la forza aerea più modesta tra le potenze dell'Asse, nonostante la presenza di una grande flotta di aerei. Questo vantaggio teorico infatti non poteva essere sfruttato né per le caratteristiche tecniche (come vedremo più avanti), né per la limitata capacità dell'industria bellica italiana di far fronte ad un conflitto delle caratteristiche della seconda guerra mondiale.

La Regia Aeronautica (come veniva chiamata l'Aeronautica Militare), presentava una grande precarietà in termini di moderni caccia, dei quali la punta di diamante erano i caccia MC200 e i Fiat G.50. Ad accompagnarli c'erano i vetusti biplani CR.32 e soprattutto CR.42, che erano disponibili in numero maggiore. Il principale limite di entrambi i modelli di aerei era che presentavano prestazioni nettamente inferiori, sia dal punto di vista tecnico (motori meno potenti e meno aerodinamici, calottine più basse, mancanza di radio in un gran numero di casi, etc.) che in termini di armi (il prototipo di armamento nella RA consisteva di due mitragliatrici nei caccia), che sarebbero certamente stati utili durante la prima guerra mondiale, ma durante il secondo conflitto armato, uno qualsiasi dei loro avversari aveva un numero maggiore di mitragliatrici o combinazioni di cannoncini e mitragliatrici, con un effetto certo molto più devastante).

È innegabile e riconosciuto lo sforzo e la buona maneggevolezza che gli italiani diedero alle loro macchine, in aggiunta al valore che dimostrarono quando le utilizzarono in combattimento su più fronti come il fronte alpino italo-francese, il Mediterraneo, il Nord Africa, la Gran Bretagna, i Balcani o l'Unione Sovietica. Anche se in molte occasioni ebbero successo, il fatto volle che la RA fu sempre lasciata all'ombra della potente Luftwaffe. Il loro ultimo fronte di battaglia fu la stessa Penisola Italiana e la difesa della Sicilia, che rappresentarono le ultime azioni della RA, che dopo l'Armistizio, cessarono di esistere come tali.

Con l'avanzare della guerra, apparve una nuova serie di aerei italiani, caratterizzati da miglioramenti nel gruppo motori, come il Re 2000 e il Re 2002, ma ciò che realmente alzò il livello della RA fu l'uso di motori tedeschi o italiani sotto brevetto tedesco come nel Re 2001 o soprattutto il prototipo di caccia RA che era il MC.202; anche se peccavano ancora della scarsa efficacia del loro armamento che continuava a operare con un ridotto numero delle mitragliatrici. Alla fine della sua esistenza, nel 1943, la RA disponeva delle migliori macchine tedesche che le consentirono di realizzare le 5 serie di caccia, integrate dall'ottimo MC.205 "Veltro", dal Fiat G.55 "Centauro" e dal Reggiane Re 2005 "Sagittario", anche se a causa degli eventi bellici, vennero prodotti in quantità insufficiente e fuori tempo per quanto la necessità della difesa aerea italiana richiedeva essendo in sostanza sempre accompagnati dalle forze della Luftwaffe.

Per quanto riguarda la flotta di aerei siluranti, l'asse di queste formazioni fu il SM.79 "Sparviero", accompagnato per tutto il conflitto dai Fiat BR.20 "Cicogne", CANT Z.1007 "Alcione", SM.81 "Pipistrello". Tra le azioni più significative dei bombardieri figurano i molteplici e inefficaci attacchi a Gibilterra e Malta.

▲ Francesco Cuscunà, fu il primo pilota italiano a riportare una vittoria per l'ANR

LA REPUBBLICA SOCIALE ITALIANA (R.S.I.)

La situazione in Italia durante la guerra mondiale si andava sempre più deteriorando, raggiungendo un punto assai critico nell'estate del 1943. Dopo alcune manovre politiche, Mussolini fu infine destituito il 25 luglio nella famosa notte del Gran Consiglio del fascismo. Questo fatto portò nei giorni a venire alla formazione del nuovo governo con a capo del governo Pietro Badoglio, formalmente ancora alleato coi tedeschi. Da quel momento in poi il governo tedesco smise di fidarsi del governo italiano e la situazione peggiorò ancor più quando fu scoperto il piano segreto del nuovo governo, che non era altro che firmare il prima possibile un armistizio con gli Alleati e far uscire l'Italia dalla guerra. Prima che questa situazione si verificasse, Hitler iniziò un prudente piano per mantenere l'Italia all'interno dell'Asse. L'annuncio ufficiale della resa italiana, o dell'armistizio, fu alla fine proclamato l'8 settembre, anche se la firma dell'atto di capitolazione era già avvenuta cinque giorni prima. Le truppe tedesche, pre allertate non persero un attimo, cogliendo l'esercito italiano di sorpresa, facendogli perdere il controllo totale del paese. Sia il re Vittorio Emanuele II che Badoglio fuggirono da Roma, lasciando gran parte del paese al destino degli occupanti tedeschi. Contemporaneamente, le truppe americane sbarcarono a Salerno e quelle britanniche in Calabria e nel Golfo di Taranto.

La notizia dell'armistizio lasciò alla merce delle truppe tedesche molti dei militari italiani che all'epoca si trovavano in molti luoghi d'Europa (Grecia, Balcani, Francia, ecc.), completamente abbandonati al loro destino. Alcuni decisero di "unirsi" agli Alleati e pertanto affrontare i tedeschi, altri furono semplicemente fatti prigionieri dai tedeschi (come nel caso di chi era lontano dall'Italia) o di chi infine decise di continuare a stare al fianco dei tedeschi.

Il 12 settembre 1943, in un'operazione organizzata dal generale Kurt Student ed eseguita da un comando paracadutista tedesco guidato dal famoso Colonnello Otto Skorzeny, Mussolini venne liberato dal suo carcere nell'albergo-rifugio di Campo Imperatore sul Gran Sasso (in Abruzzo) dopo una rischiosa e precisa operazione di salvataggio (nome in codice Operazione Quercia). Dopo il suo rilascio, Mussolini fu portato in Germania, dove doveva incontrare Hitler, che gli illustrò i progetti che il dittatore nazista aveva fatto per lui. Nonostante l'iniziale riluttanza di Mussolini a riprendere il potere, l'imminente possibilità di installare un'amministrazione militare tedesca in Italia e di considerare l'Italia un Paese occupato (e non un alleato come lo era stato fino ad allora), lo indusse ad accettare. Dopo aver installato il suo primo quartier generale a Milano, il 18 settembre dichiarò che avrebbe continuato la guerra insieme ai suoi alleati dell'Asse: tedeschi e giapponesi. Il 23 settembre il Duce annunciava la formazione della RSI nel territorio italiano sotto il controllo tedesco; uno stato che si estendeva dalla regione di Salerno fino alle Alpi (ricordiamo che nel nord del Paese si trovava la maggior parte dell'industria italiana), e la cui capitale sarebbe stata posta nella cittadina lacustre di Salò, e non a Roma, ritenuta pericolosa per la sua vicinanza al fronte. Grazie alla RSI, le truppe tedesche in Italia non sarebbero state coinvolte in un fronte che avrebbe coperto l'intera pe-

▲ Ernesto Botto, il leggendario "Gamba di ferro" e padre della Aviazione Nazionale Repubblicana

nisola italiana, né sarebbero state circondate in territorio nemico. Dopo la creazione del nuovo Stato, fu necessario dotarlo di una struttura armata, così venne scelto a dirigerla Rodolfo Graziani (l'unico maresciallo rimasto fedele a Mussolini dopo l'armistizio, e ora ministro della Difesa) che il 10 ottobre 1944, creò ufficialmente un esercito di terra, una marina e un'aviazione (ANR). Il numero totale di uomini reclutati per le tre armi era composto sia da volontari che da reclute forzate (il che avrebbe portato a diserzioni multiple), raggiungendo un totale di circa 400.000 uomini. Delle tre armi, l'esercito di terra, che si chiamava Esercito Nazionale Repubblicano (ENR), aveva solo quattro divisioni, che una volta addestrate in Germania, servirono principalmente nella feroce lotta antipartigiana (combatterono come esercito alleato tedesco solo una volta, contro le forze anglo-americane nel dicembre 1944, nella Valle della Garfagnana). La Marina o Marina Nazionale Repubblica (MNR), si ottenne poco, visto che aveva una flotta ridicola, composta da due sole cacciatorpediniere e quattro torpediniere a disposizione. Solo l'aviazione, la cosiddetta Aeronautica Nazionale Repubblicana (ANR) come commenteremo, è riuscita ad avere una partecipazione di rilievo nei prossimi combattimenti in Italia. In tutti i casi, che si tratti dell'ENR, della MNR o dell'ANR, la Germania diffidò sempre della loro lealtà e cercò con tutti i mezzi di mettere in atto gli ostacoli necessari per non diventare mai indipendente dal controllo tedesco, e riuscì a farlo sia con l'ENR che con la MNR, ma con l'ANR sarà tutta un'altra storia.

Mappa Marzo-Aprile 44 (MONTEFUSCO grigio. IGC rosso, IIGC arancio).
1 Venaria Reale. 2 Cervere. 3 Lonate Pozzolo. 4 Bresso. 5 Linate. 6 Cascina Vaga 7 Reggio Emilia. 8 Campoformido.

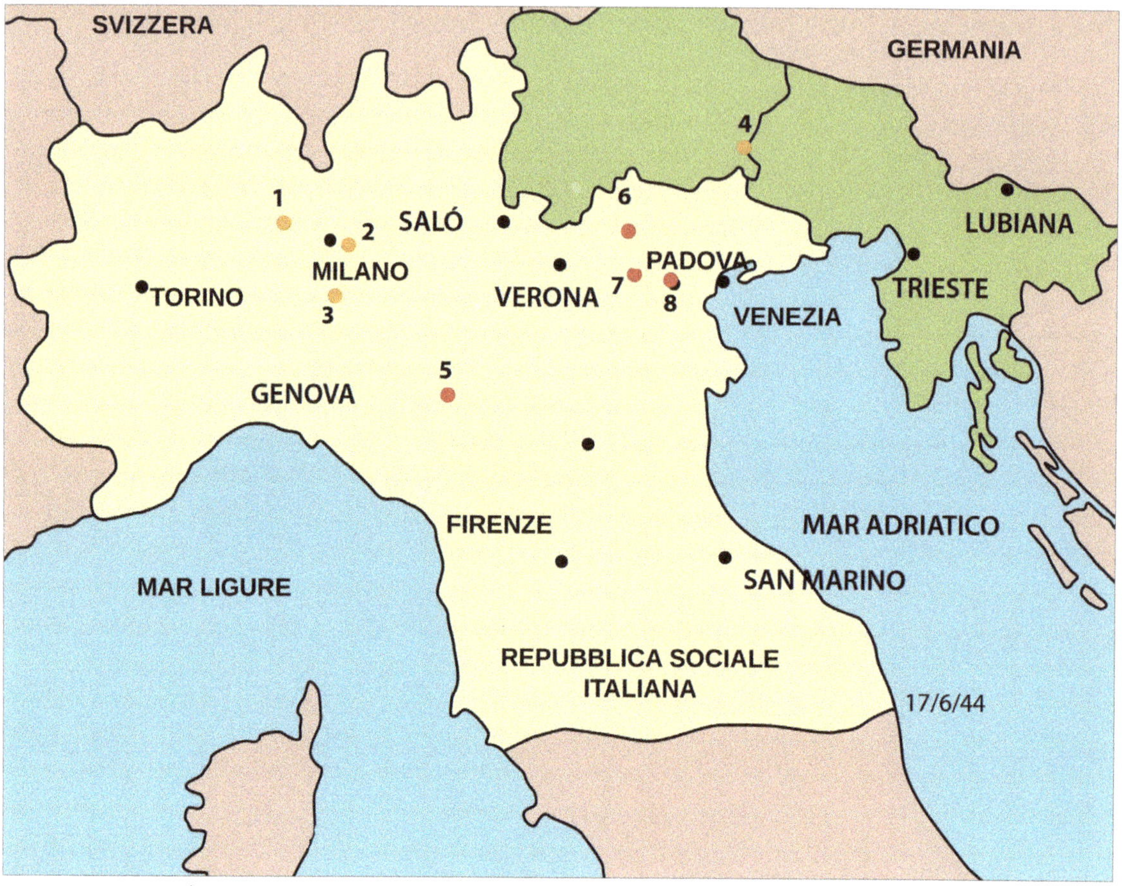

Mappa giugno 44 (IGC rosso, IIGC arancio).
1 Lonate Pozzolo. 2 Linate. 3 Cascina Vaga. 4 Aviano. 5 Cavriago. 6 Thiene. 7 Villaverla. 8 Padova.

▼ Re 2005 con le insegne di Luftwaffe. Alcuni di questi aerei combatterono a Berlino in Romania con questi stemmi. Per gentile concessione di Asisbiz

L'AERONAUTICA NAZIONALE REPUBBLICANA (A.N.R.)

La situazione per l'Italia filo-tedesca dopo l'armistizio divenne molto complicata, poiché la fiducia dei tedeschi nei loro confronti era al minimo, il che era comprensibile dopo il "tradimento" che nei fatti si rivelò essere l'armistizio. Così i tedeschi decisero che il loro rapporto militare con l'Italia sarebbe stato simile a quello di un capo con il proprio servo, e così cercarono di incorporare le varie truppe italiane della RSI nella Wehrmacht, nelle Waffen SS, nella Luftwaffe o nella Kriegsmarine, come combattenti assimilati all'interno delle unità da combattimento tedesche. Per questo motivo, i tedeschi si rifiutarono di fornire loro gli armamenti e ancor di più, poiché questi erano già stati requisiti per la maggior parte dopo l'armistizio adottarono un regime di unità autonome da parte dei comandanti tedeschi. Infine, essi non volevano nemmeno un'aviazione alleata e autonoma, ma piuttosto squadriglie aree composte da personale italiano sotto i loro ordini diretti.

Questa forte tensione tra il governo tedesco e il governo della RSI portò a discussioni molto importanti sul campo tra i leader fascisti e i comandanti tedeschi in Italia (come Kesselring, Rommel e von Richtofen) per decidere se permettere o meno l'indipendenza operativa delle truppe italiane senza mai arrivare al dunque.

Nella nascita dell'Aeronautica Nazionale Repubblicana (ANR), il neo nominato Sottosegretario all'Aviazione della RSI di Mussolini, il Tenente Colonnello Ernesto Botto, famoso pilota di caccia ed eroe durante la guerra civile spagnola (GCE), avrà un ruolo fondamentale. Noto come "Gamba di Ferro" (si guadagnò questo soprannome dopo aver perso una gamba durante il GCE, nonostante avesse continuato a volare in combattimento durante il 1940-43 e a dirigere la scuola di allenamento per combattenti di Gorizia prima di entrare nell'ANR).

Il progetto di Botto per l'ANR dopo essere stato approvato dal Consiglio dei Ministri dell'ISSN era il seguente:

1) Principali azioni difensive degli attacchi aerei nemici e la partecipazione in tutto il territorio nazionale di gruppi di caccia e di artiglieria contraerea.

2) Azione offensiva e partecipazione contro le armi militari angloamericane da parte di bombardieri, siluranti e paracadutisti.

3) Assistere e sostenere la partecipazione allo sforzo bellico direttamente o indirettamente nell'ambito di un'alleanza militare con la Germania, attraverso unità di trasporto, organizzazione tecnica e logistica e infrastrutture.

Anche se l'organizzazione effettiva dell'ANR sarebbe ricaduta su Botto, bisogna riconoscere che già dal giorno dell'armistizio, alcuni gruppi di piloti erano riluttanti a cambiare organizzazione, e cominciarono a formare unità completamente indipendenti. In questo modo, un gruppo al comando del generale Tessari, del colonnello Tondi e del colonnello Castellani nacque a Roma, mentre un altro gruppo fu quello guidato dal colonnello Falconi ed era composto principalmente da piloti da caccia.

Già dal 10-12 ottobre 1943, Botto, dopo aver raggiunto un accordo a Berlino con il generale Oberst Korten (il neo nominato alto ufficiale della Luftwaffe con la carica di Capo di Stato Maggiore), negoziò con il Comandante della Luftwaffe in Italia, Wolfram von Richthofen, il ritorno sul suolo italiano di almeno una parte degli oltre 1.000 aerei che erano stati sequestrati dopo l'armistizio dell'8 settembre per procedere con l'organizzazione dell'aviazione della RSI (si stima che nella primavera del 1944 il gruppo incaricato di riportare i velivoli in Italia dai magazzini tedeschi nei campi d'aviazione dell'ANR avesse recuperato circa 1300 aerei di tutti i tipi; anche se a costo della perdita materiale di una quarantina di piloti deceduti a causa delle cattive condizioni dell'aereo in molti casi). Grazie al suo intervento, Botto riuscì inizialmente a recuperare dalle mani dei tedeschi circa 75 buoni caccia di vario tipo (G 55. Re 2005 e MC 205). È con questi aerei che si formerà il primo nucleo dell'ANR. Inoltre, anche se era importante procurarsi gli aerei, non meno importante era reclutare personale per la nuova forza aerea. Anche in questo campo Botto ebbe un ruolo decisivo, sia nei suoi rapporti con la

Luftwaffe, sia nel reclutamento di uomini per la sua aviazione. Da un lato, doveva far capire ai tedeschi che l'ANR non era nata per essere una forza armata di uno Stato satellite tedesco, ma che doveva essere considerata e rispettata come l'aviazione di un Paese alleato, come lo sarebbe stata la RSI; così richiese immediatamente il ritorno del personale italiano arruolato nella Luftwaffe (in alcuni casi volontariamente e in altri con la forza) come nell'unità di caccia operante in Italia, il JG77. Il 12 ottobre, invece, approfittando della sua grande fama nel mondo dell'aviazione in Italia, lanciò un annuncio radiofonico per invitare i piloti e il personale tecnico che avevano precedentemente prestato servizio nella Regia Aeronautica ad arruolarsi nell'ANR. Grazie anche al suo eroico curriculum, riuscì ad attirare decine di membri dell'ex RA per entrare a far parte dell'ANR, molti dei quali risultavano ancora sbandati per il paese dopo l'armistizio, soprattutto gli uomini delle unità da combattimento. È grazie a questo comunicato che nel mese di ottobre del 43 ottobre i primi uomini si presentarono all'aeroporto di Torino Mirafiori.

Il 15 ottobre il Botto proseguì con la formazione di centri di informazione che riunivano piloti e velivoli secondo le rispettive specialità e indicazioni. Così l'aeroporto di Bresso di Milano divenne il centro di riferimento per i caccia e i velivoli da ricognizione, mentre l'aeroporto di Varese raccoglieva i siluranti all'aeroporto di Venegono, gli idrovolanti si recavano agli impianti di Sesto Calende, e Bergamo era il punto d'incontro per i trasporti.

Per capire meglio tutte le difficoltà che occorsero per il reclutamento di personale sia in volo che a terra, bisogna pensare a cosa significò l'Armistizio per l'esercito italiano (e in particolare per la Regia Aeronautica), visto che fece crollare completamente a terra il morale italiano. La volontà di continuare in una lotta che, a torto o a ragione secondo la parte scelta, ora cambiava alleati, era generalmente infranta. In realtà la situazione, come è ragionevole pensare, era se si vuole, ancora più complessa, poiché c'erano uomini appartenenti alla RA in tutte le parti del Paese che, di fronte all'armistizio, si trovarono con diverse alternative da seguire: volare verso sud per mettersi al servizio degli Alleati, unirsi alle forze di resistenza antitedesche, cercare di entrare nella Luftwaffe, sempre bisognosi di piloti esperti, cercare di continuare la guerra in una nuova forza aerea che si sarebbe creata nella RSI, o semplicemente togliersi le uniformi e scomparire. In questo modo, molti degli ex piloti della RA che si trovavano al Nord assunsero un atteggiamento completamente diverso rispetto alla nuova situazione militare. Un gran numero di piloti italiani che potevano concordare in linea di principio con l'armistizio non poterono accettare in alcun modo i mezzi con cui la resa era stata effettuata laddove si era abusato dell'onore e della dignità nazionale (il ragionamento di questi uomini si basava sulla sensazione di essere stati venduti dal loro governo e quindi sulla completa perdita di fiducia nei loro politici che li avevano trattati come marionette); altri volevano semplicemente continuare a confrontarsi con i combattenti e i bombardieri alleati che continuavano a massacrare la popolazione e a distruggere le città del nord del Paese; mentre per altri l'armistizio significava il tradimento di tutti quei compagni che avevano dato la vita combattendo spalla a spalla con i tedeschi. Per questo motivo e contrariamente agli ordini esistenti, molti di questi piloti si rifiutarono di volare negli aeroporti del sud Italia controllati dagli Alleati, con l'intenzione di unirsi a loro; non potendo accettare la firma di un armistizio, che era stato effettuato senza alcuna consultazione.

Così, piloti famosi come Luigi Gorrini decisero di dirigersi verso l'aeroporto di Mirafiori, che, come detto, è dove Botto li aveva esortati ad andare e dove alla fine sarebbe stata strutturata l'ANR. La spiegazione di Gorrini sul loro atteggiamento è simile a quella degli altri piloti e si può riassumere in queste parole: "Ho combattuto per tre anni al fianco dei tedeschi: oltre la Manica, in Africa, in Grecia, in Egitto e, alla fine, per il mio Paese. Avevo stabilito con loro dei legami di amicizia. Non volevo cambiarmi la giacca felicemente e non volevo essere costretto, forse, a sparare ai miei vecchi compagni tedeschi. Volevo anche proteggere il più possibile le nostre città del nord dai terribili bombardamenti". La chiamata di Botto può essere considerata un grande successo, dato che non solo si presentò un numero sufficiente di uomini per poter costruire una piccola forza aerea, ma anche un gran numero dei

▲ Il pilota Ennio "Banana" Tarantola si appresta a decollare con un Fiat G. 55 appartenente allo Squadriglia Compartimento Allarme "Montefusco". Per gentile concessione di EA51.ORG

▼ Diversi piloti del 1° gruppo di caccia "Ace of Clubs" cambiano impressione in compagnia di uno dei suoi MC. 205V a Campoformido. Febbraio 1944. Per gentile concessione di EA51.ORG

piloti che arrivarono potevano essere considerati la crema dell'aviazione da combattimento della RA. Forse anche il fatto che l'organizzazione della forza caccia, sul campo, sia stata effettuata dall'altrettanto famoso e popolare pilota Adriano Visconti, contribuì in qualche modo a far sì che l'élite dei piloti arrivasse prima o poi ad unirsi al nascente ANR. Questo si riflette nel fatto che quasi 40 assi da combattimento AR facevano parte delle unità dell'ANR, come Gorrini, Visconti, Drago, Falconi, Falconi, Marini, Veronesi, Tarantola, Torresi, Roberto o Malvezzio, per citarne alcuni.

Riunire un gruppo così selezionato di aviatori può essere difficile da capire razionalmente, poiché la fedeltà alla RSI, uno stato fantoccio tedesco, non fu mai popolare in Italia. Per questo motivo dobbiamo pensare ad un secondo elemento che spinse i piloti ad arrivare all'ANR; in molte occasioni, furono l'entusiasmo e l'impulsività che caratterizzarono gli aviatori più che una decisione razionale. Forse fu questo carattere "indomito" dei piloti che, come si vedrà più avanti, permise all'ANR di persistere come forza aerea indipendente dalla Luftwaffe, a differenza sia delle unità terrestri che navali della RSI, i quali finirono per essere, in molti casi, fantocci dei comandanti tedeschi. Di conseguenza, l'ANR fu l'unico ramo militare della RSI che operò regolarmente e con un certo successo contro le forze alleate, guadagnandosi il rispetto non solo dei suoi alleati tedeschi ma in alcuni casi anche della Resistenza che militava contro i tedeschi. Quest'ultimo, fu reso possibile dall'instancabile lavoro dei combattenti dell'ANR nel prevenire i bombardamenti alleati sulle terre del nord Italia, che ha portato in alcuni casi a patti locali di non aggressione tra gruppi di Resistenza e singole unità dell'ANR.

Infine, tornando alla storia, le Forze Armate della RSI nasceranno organicamente con un decreto del Capo dello Stato repubblicano, promulgato il 27 ottobre 1943, destinato ad entrare in vigore il giorno successivo. Analogamente, la data di nascita dell'ANR sarà il 23 novembre, più tardi di quella dell'Aeronautica Militare Co-belligerante che nascerà nel Sud Italia il 15 ottobre. Le due Forze Aeree italiane indipendenti, apparse dopo l'armistizio dell'8 settembre 1943, si strutturarono gradualmente secondo le linee guida dei rispettivi alleati: la RAF e l'USAF con il sud, e la Luftwaffe con il nord.

A causa della sua intransigenza, Botto fu brevemente sollevato dall'incarico all'inizio del 1944, anche se a quel tempo aveva già raggiunto il suo obiettivo primario. Finalmente erano disponibili sia il materiale che un gran numero di uomini che potevano dare consistenza all'ANR. I tedeschi non si accontentarono però della svolta degli eventi in Italia che avevano portato alla creazione dell'ANR come forza aerea completamente indipendente dalla Luftwaffe, di conseguenza cercheranno presto di riprendere il controllo dell'ANR con la cosiddetta "Operazione Phoenix", di cui si parlerà più avanti.

Dopo il tira e molla tra italiani e tedeschi, i tedeschi finirono per accettare la creazione di alcune unità di caccia italiane. Questa decisione si basava su due fattori importanti, poiché da un lato i caccia sarebbero stati in grado di sostenere, se non di sostituire, le formazioni della Luftwaffe sul fronte italiano, e dall'altro in qualche modo propagandistico, poiché i caccia avrebbero difeso il cielo italiano dai bombardieri alleati sulle città della RSI, il che avrebbe dato loro una reputazione positiva tra la popolazione.

L'ANR, quindi, nel corso della sua esistenza si articolerà fondamentalmente nei suoi tre gruppi di caccia (I GC, II GC e III GC), ma sarà anche costituita dalle seguenti unità:
- Gruppo di Caccia Complementare.
- 101° Gruppo Autonomo di Caccia a Terra.
- 170° Squadriglia Autonoma Combattenti Notturni (170° Squadriglia Autonoma Caccia Notturna), creata nella primavera del 1944 all'aeroporto di Villanova d'Albenga, e dotata di velivoli obsoleti per le attività diurne ma validi sotto alcuni aspetti per le azioni notturne, come il Fiat CR.42, il Reggiane Re 2001 e il Macchi MC. 200 (in totale circa otto velivoli tra alcuni modelli). Il suo comandante, il capitano Ezio Fantini, rimase al suo posto dal maggio 1944, fino al 28 giugno quando morì; gli successe il capitano Aldo de Angelis. Lo Squadriglia fece un importante passo avanti dopo aver preso in consegna due caccia notturni Bf. 110G4A dotati di radar "Lichtenstein". Entro luglio, con personale sufficiente per rendere operativo lo Squadriglia, si decise ad inviare i suoi uomini in Germania per ricevere lezio-

ni di volo alla cieca presso la Scuola di Volo di Gelnhausen, nonché un corso pratico a Schlessheim. Nonostante tutto, non divenne uno Squadriglia operativo, poiché l'"Operazione Phoenix" pose fine a ogni possibilità che continuasse, essendo stato sciolto nell'agosto dello stesso anno. Il suo personale fu inviato ad altre unità, come accadeva in questi casi; alcune di esse furono chiamate a formare una nuova Unità di Caccia Notturna nell'inverno del 1945, il Gruppo di Caccia Notturna.

- Gruppo Caccia Notturna: costituita nel gennaio 1945, come la precedente Squadriglia, questa unità, equipaggiata con velivoli simili (CR.42CN o Re 2001CN), non presentava alcun valore operativo. Anche se l'intenzione era quella di poterli equipaggiare con i combattenti notturni Bf.110G4/R7 e Junkers Ju 88G7, l'avanzata del conflitto mondiale impedì qualsiasi operazione del Gruppo. Il suo luogo d'origine e di scioglimento fu il campo d'aviazione di Bresso, vicino a Milano, e il suo comandante era l'ex membro della 170a Squadriglia Autonoma di Caccia Notturna, il Capitano Greco.
- Gruppo di Addestramento Combattenti Complementari, che si articolerà in quattro squadriglie.
- Gruppo autonomo di Aerosiluranti, conosciuto prima come "Gruppo Buscaglia" e poi come "Gruppo Fagionni".
- Squadriglia autonomo di bombardamento a terra noto come "Ettore Muti".
- Un Collegamento Aereo e una Scuola di Volo a Vela.
- Tre gruppi di trasporto (Trabuchi, Terracciano e De Camillis).
- All'interno dell'ANR era inquadrato anche il Reggimento Paracadutisti Arditi "Folgore", diviso in tre Battaglioni: il 1° chiamato "Folgore", il 2° "Nembo" e il 3° "Azzurro".
- I battaglioni di artiglieria contraerea e anti-pattuglia.

Non fu possibile ripristinare alcune specialità di volo come la ricognizione o il soccorso in mare, anche se questi compiti caddero all'occorrenza ai velivoli della Luftwaffe che operavano sul fronte italiano. Altri come i bombardieri, anche se creati all'inizio, finiranno per essere sciolti, tra l'altro, per la mancanza di volontà di utilizzarli sul territorio italiano e di bombardare i connazionali da una parte o dall'altra del confine.

Nonostante il numero di unità create, in realtà furono le unità di caccia e i siluranti (aerosiluranti) a portare il peso dell'attività dell'ANR. Anche se ciò non era solo motivato da questioni pratiche (dato che la maggior parte dei piloti che aderirono all'ANR appartenevano a questi due rami dell'aviazione) ma la situazione della RSI in guerra, non poteva essere più che difensiva. Un terzo e non meno importante fattore da considerare resta la riluttanza dell'ANR a condurre qualsiasi tipo di intervento aereo sui cieli dell'Italia ora sostenuta dagli Alleati. Quest'ultimo fattore si verifica in modo analogo nelle forze aeree che gli italiani metteranno al servizio degli Alleati nel sud del Paese, in quanto svolgeranno le loro missioni di combattimento principalmente nella regione balcanica, evitando di entrare nel territorio aereo della RSI.

Per riorganizzare le nuove forze aeree, nonostante i numerosi tiri alla fune tra queste e la Luftwaffe, l'ANR si guardò allo specchio dei tedeschi. Decise di adottare le formazioni di volo tattiche tedesche (come la Rotte e la Schwarm) che erano diametralmente diverse da quelle italiane in cui prevaleva l'iniziativa individuale del pilota, nonché di organizzare la difesa aerea della RSI attraverso la vettorializzazione dello spazio aereo che avrebbe permesso di utilizzare le stazioni radar che i tedeschi avrebbero fornito. Inoltre, l'artiglieria antiaerea avrebbe iniziato ad addestrarsi in modo più efficace per portarsi allo stesso livello dell'artiglieria tedesca.

I nuovi Gruppi di Caccia dell'ANR non sarebbero più stati istituiti come i loro predecessori nella Regia Aeronautica, ma come i Gruppi Luftwaffe: così un Gruppo di Caccia sarebbe stato composto da tre squadroni e uno squadriglia di comando o senior. Anche il numero di aerei per squadriglia dovette essere modificato per assomigliare allo Staffel tedesco, passando a 15-20 aerei contro i 10-12 degli anni precedenti. Ciò si verificò in modo simile nel resto delle unità create all'interno dell'ANR, come le unità Aeree o di Trasporto, anche se sempre entro le possibilità dovute al numero di aerei disponibili di un tipo o di un altro.

Se si confrontano le attività belliche tra l'ANR e la Co-Fighting Air Force (CFA), emerge un fatto: nonostante non sia stata sostenuta da un gran numero di truppe, l'ANR fu molto più attiva durante il conflitto rispetto alla sua controparte meridionale. Forse il motivo chiave fu la maggiore disponibilità di aerei che esisteva al nord rispetto al sud, a causa di diversi fattori:

Il primo è che la maggior parte dell'industria aeronautica in Italia si trovava nel nord del Paese.

In secondo luogo, il fatto che queste industrie erano quasi pienamente operative, dato che fino al 1944 non erano state quasi mai colpite da gravi bombardamenti alleati. Gli stabilimenti di Fiat, Isotta Fraschini, Alfa Romeo, Aeritalia, Beda, Caproni, Macchi, SIAI Marchetti e Reggiane, avevano subito solo lievi danni fino al 1944, quando si intensificarono i bombardamenti alleati, e furono gradualmente messi fuori uso fino all'estate del 1944 (anche se non bisogna dimenticare che dal giugno 1940 fino alla data dell'armistizio le missioni di bombardamento si svolsero praticamente su tutto il territorio nazionale). Di conseguenza, nel 1943 nuove spedizioni di MC.205, G.55 e SM.79 vennero aggiunte all'inventario dell'ANR.

Un terzo fattore è costituito dalla continuità nella riparazione della flotta aerea e nella sua manutenzione operativa (grazie alla sopravvivenza delle industrie per i pochi danni ricevuti), che permise ad aerei che altrimenti sarebbero stati fuori uso a causa dell'intensa usura operativa, di tornare in azione in breve tempo.

Il quarto fattore è la vicinanza delle industrie al campo d'azione dell'ANR. Molti degli aerodromi utilizzati dalle varie unità dell'ANR si trovavano a pochi chilometri dalle fabbriche dove venivano prodotti i velivoli.

Il quinto fattore che consentì di aumentare il numero di velivoli inizialmente fu la restituzione da parte della Luftwaffe di molti dei mezzi che erano stati requisiti dopo l'armistizio.

Il sesto fattore è stato l'uso del radar da parte delle forze tedesche di stanza in Italia, che permise di rilevare formazioni aeree alleate a distanze fino a 70 chilometri in molti casi, permettendo di organizzare formazioni di caccia per contrastarle.

Il settimo fattore riguardava il cambiamento radicale nel modo in cui erano costituite le unità da combattimento, in quanto l'ANR respingeva l'uso di modelli obsoleti, come non aveva fatto la RA. Persino il MC.202, che era la spina dorsale del defunto RA, era destinato principalmente all'addestramento. La decisione venne presa per equipaggiare i caccia della moderna serie 5 di produzione italiana: G.5 MC.205 (anche se era un MC.202 rimotorizzato) e il Re 2005 (di quest'ultimo, solo poche copie arrivarono all'ANR e non furono utilizzate in combattimento in quel periodo); e poi sostituite solo da velivoli tedeschi Bf 109 dei modelli più moderni. Sia la serie 5 che i modelli Bf 109 G e K erano rivali adatti per le potenti formazioni di bombardieri e caccia che gli Alleati avrebbero dovuto contrastare.

Ottavo, il fattore umano svolgeva un ruolo fondamentale nell'assicurare che questa piccola forza aerea potesse anche offrire una seria resistenza agli aerei alleati. I piloti, tutti volontari e con una forte determinazione a combattere contro coloro che stavano devastando le città e le industrie del nord Italia, erano l'anima e il motore che permisero all'ANR di battere gli Alleati quasi fino agli ultimi giorni di guerra.

Un ultimo fattore, divenuto più evidente dopo i bombardamenti che devastarono e praticamente paralizzarono gran parte dell'industria aeronautica in territorio RSI, fu l'aiuto tedesco. In questo caso, i velivoli consegnati erano di fabbricazione tedesca (in particolare i modelli più moderni della serie G e alcuni della serie K del Bf 109), il che consentì di completare gli esausti e danneggiatissimi velivoli di origine italiana, e di sostituirli completamente in una seconda fase.

Come si può intuire, questo continuo rifornimento di velivoli, da una fonte o dall'altra, permise un alto livello operativo dell'ANR fino alla metà del 1944 e quindi una presenza continuativa nei cieli della RSI. Così, con l'equipaggiamento adeguato e con l'evidente miglioramento dell'addestramento, l'ANR si dimostrò una forza aerea con cui gli Alleati fecero i conti quando entrarono in territorio italiano, e non solo con un valore di testimonianza (come avvenne per i reparti armati di terra e di mare della

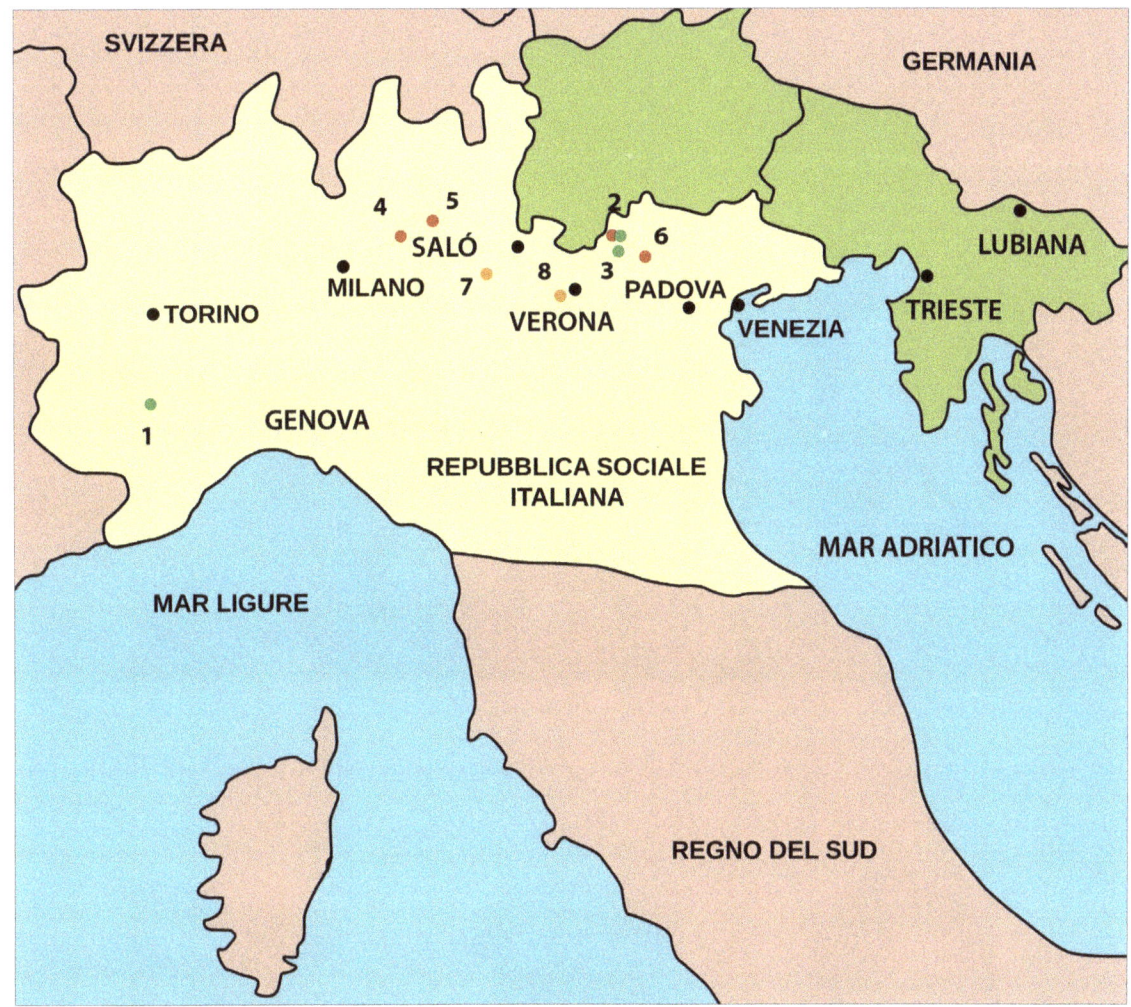

Mappa agosto-settembre 44 (IGC rosso, IIGC arancio, IIIGC verde).
1 Fossano, 2 Thiene. 3 Vicenza. 4 Ponte S. Pietro 5 Albino. 6 Padova, 7 Ghedi. 8 Villafranca.

RSI). Questo non passò inosservato alla Luftwaffe, che cercò sempre di prendere il potere dell'ANR, ma quando si rese conto di non poterci riuscire, l'intervento dell'ANR fu apprezzato dai tedeschi come molto efficace, permettendo loro di ritirare le unità di caccia della Luftwaffe anche nei cieli duramente puniti del Reich.

Così nasceva l'ANR, che per circa 16 mesi avrebbe combattuto una guerra già persa in anticipo. Come più volte ribadito, quest'arma soffrì molte difficoltà a rimanere attiva, poiché i tedeschi cercarono sempre di controllarla. Nonostante ciò, si può infine riconoscere che si trattò di un'Aeronautica Militare che, entro i limiti di cui sopra e la sua evidente inferiorità nei confronti degli Alleati, si comportò con coraggio ed ebbe una certa efficienza nel "pungere" e nell'ostacolare le centinaia di bombardieri alleati che stavano distruggendo il nord Italia e il sud del Reich germanico. Dopo tutto, gli aerei che utilizzavano erano di ottima fattura (MC.205, Fiat G.55, Bf 109G e Bf 109K) e i loro piloti erano veterani molto motivati, quindi i loro effetti sulle masse degli aerei alleati divennero presto evidenti. Il sacrificio dei membri dell'ANR deve essere giustificato non da un singolo fatto ma, come detto sopra, da un misto di ideali, onore, amore per la loro terra e per le loro famiglie. Qualunque sia la causa che li spinse ad unirsi alla parte perdente anche sapendo questo e nonostante le molte difficoltà nell'agire come forza aerea indipendente, meritano il massimo rispetto da parte di tutti.

▲ Adriano Visconti si prepara a decollare con il suo MC. 205V da Reggio Emilia. Per gentile concessione di EA51.ORG

▼ Due immagini del maggiore Adriano Visconti. Nella immagine qui sotto appare in mezzo ai colleghi Egeo Fioroni a sinistra e Ugo Diappi a destra. Dopo la sua brillante esibizione nel 1° gruppo caccia, ebbe un tragico destino per mano dei partigiani. Per gentile concessione di EA51.ORG. La colorazione della immagine della pagina a destra è di Luca Cristini.

Painted by Janusz Światłoń

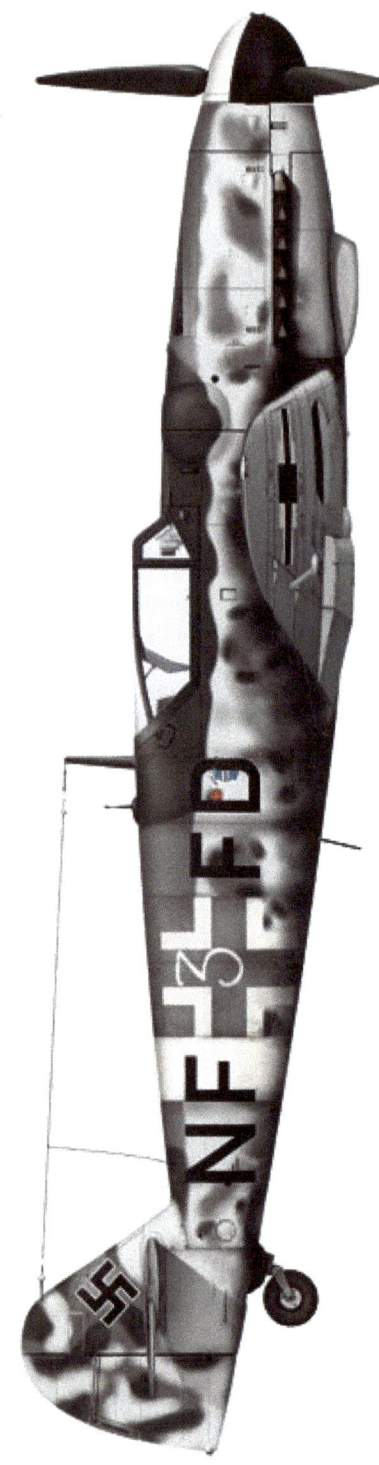

Messerschmitt Bf 109 G-6 (W.Nr. 163803) marcato con le cifre "NF+FD" nere appartenente al 2° Gruppo Caccia ANR. Cascina Vaga (PV) Giugno 1944. Questo caccia riporta ancora simboli tedeschi su tutta la fusoliera, ad indicare che l'aereo era appena stato consegnato al reparto italiano.

I GRUPPI CACCIA

I GRUPPI CACCIA

Inizialmente, il numero di velivoli operativi controllati dal regime italiano nel nord del Paese era composto da circa 29 Fiat G.55 "Centauro" e altri 30 Macchi MC. 205 "Veltro".
In quei giorni incerti, la prima unità che venne creata, già nel novembre 1943, fu il cosiddetto "Mario Montefusco" o più popolarmente "Montefusco", Squadriglia di Caccia Complementare sotto il comando del capitano Giovanni Bonet, formatosi a Venaria Reale, vicino a Torino, il cui campo d'azione era la difesa aerea piemontese e torinese, mentre serviva come unità di riserva per i Gruppi di Caccia in prima linea. I suoi principali centri operativi erano il già citato aeroporto di Venaria Reale e l'aeroporto di Caselle. Questa unità era inizialmente costituita da una miscela di G.55 e MC.205, con alcuni MC.202, e la sua missione principale era la difesa aerea, finalizzata soprattutto alla protezione del tessuto industriale, per la quale disponeva di un'Unità di Allerta a Venaria Reale all'interno dello Squadriglia. I G.55 che componevano questa unità erano inizialmente 8 della serie 0, 10 della serie I (ex aerei RA) e successivamente G.55 di nuova fabbricazione.
Un'altra unità che si formò nelle prime settimane dopo l'armistizio, fu il 101° Gruppo Autonomo Combattenti di Terra o "101° Gruppo Autonomo Caccia Terrestre". Il suo luogo di nascita era Firenze, la sua prima base l'aeroporto di Firenze-Peretola. Qui iniziò la ricerca di materiale per l'Unità da parte di vari campi d'aviazione come Cecina, Pisa, Metato o Capannoni. Questi venivano forniti da un gruppo abbastanza vario di velivoli dove erano presenti esempi di CR.42, G.50, MC.200, Dewoitine D.520, MC.202 e anche alcuni polimotori come due Ca.133 o un SM.81; raggiungendo un totale di 34 velivoli, anche se in generale in condizioni di scarsa manutenzione. Intorno al 25 e 26 dicembre il Gruppo venne trasferito all'aeroporto di Mirafiori, vicino a Torino. L'usura dovuta alla difficile situazione militare portò alla mancanza di un'adeguata manutenzione e sostituzione dei velivoli che causò lo scioglimento dell'Unità a Mirafiori il 31 marzo 1944. Una parte del personale liberato fu trasferita in Germania nell'aprile 1944 con l'ex comandante del Gruppo, il maggiore Micheli (si trattava di 15-18 ufficiali e 24 sottufficiali), per essere integrata nella realizzazione di un corso di conversione operativa al nuovo Bf 109G, che sarebbe stata la loro nuova macchina alla fine del corso, anche se in questa occasione furono integrati nella IIGC nell'agosto 1944.
Dopo essere riusciti a riunire i primi piloti, venne creata un'unità per integrarli nel 1° Gruppo Caccia o "1° Gruppo Caccia" (IGC), sotto il comando del Maggiore Borgogno. Sebbene la sua creazione risalga al 15 novembre 1943, in realtà divenne ufficiale solo il 1° gennaio 1944. Nei mesi di novembre e dicembre 1943 il Gruppo iniziò ad acquisire il proprio equipaggiamento di volo, l'MC.205. Nei pressi di Varese, presso l'aeroporto di Lonate Pozzolo, l'MC.205 fu consegnato al Gruppo. Questi velivoli, pur essendo di fabbricazione italiana, in molti casi venivano dalla Germania, poiché fino a pochi giorni prima avevano prestato servizio sotto i colori della Luftwaffe nel II/JG 77 del famoso asso tedesco Johannes Steinhoff (che manteneva un grande apprezzamento per l'asso italiano Visconti, comandante di una squadriglia). Questi, come ricordiamo, facevano parte del bottino di guerra che i tedeschi confiscarono agli italiani dopo l'armistizio. Era il 31 dicembre 1943 quando i tedeschi restituirono agli italiani i MC.205 dopo un periodo di utilizzo in cui sparò, almeno una volta, con i colori del JG77 (il 1° dicembre e la sua vittima un P-38 americano). Durante il processo di consegna del velivolo, almeno due MC.205 andarono persi nelle operazioni di trasferimento effettuate da piloti tedeschi e altri cinque a causa di incidenti (alcuni dei quali causati dalla differenza di funzionamento del motore dell'MC.205, in quanto funzionava in modo opposto al velivolo tedesco, cosicché a causa di un'errata direzione il pilota chiuse la valvola a farfalla invece di aprirla con la conseguente perdita del velivolo).
Inoltre, altri nuovi velivoli arrivarono negli hangar del Gruppo, in quanto l'industria aeronautica non era ancora stata danneggiata dai bombardamenti.

Come è noto, l'organizzazione dell'Unità sia a livello tattico che strutturale fu copiata dalla Luftwaffe, tanto che nel mese di dicembre il Gruppo fu diviso in tre squadriglie (denominate 1° "Asso di Bastoni" comandate dal capitano Visconti, 2° "Vespa Incacchiatta o Arrabiata" comandata dal Capitano Marinone e 3° "Arciere" comandata dal Capitano Calistri), e trasferito a Lagnasco, vicino a Cuneo, per imparare le tattiche di caccia tedesche e ricevere un po' di MC.205 che i tedeschi non avevano ancora consegnato. Finalmente l'Unità, alla fine del 1943, era pronta per l'ingresso in combattimento dal Piemonte.

Per quanto riguarda i nomi delle tre Squadriglie, va precisato che ufficialmente i loro nomi erano i nomi di tre piloti della Regia Aeronautica morti in azione: così il 1° si chiamava "Larsimont", il 2° "Bobba" e il 3° "Ocarso"; anche se erano sempre conosciuti con i nomi di cui sopra piuttosto che con questi.

GENNAIO '44

Le varie unità che componevano l'ANR al 1° gennaio 1944 erano le seguenti:
I Gruppo Caccia: composto da MC.205
Squadriglia complementare "Montefusco": composto da una miscela di MC.205 e Fiat G.55
I Gruppo Aerosiluranti "Buscaglia": composto da SM.79.
Divisione "Addestramento Aerosiluranti": costituita da SM.79.
I Gruppo Aerotransporti "Terracciano": composto da SM.81.
Divisione "Aerocollegamento Sottosegretario": costituita da tipologie di velivoli diversi.

Con questo ordine di battaglia, l'ANR inizia a partecipare alle operazioni di combattimento già dal 3 gennaio. Le azioni di apertura furono effettuate dai velivoli MC.205 della Squadriglia "Asso di Bastoni" della IGC dalla sua base di Lagnasco con la missione di intercettare un gruppo di fortezze volanti B-17 del 99° Bombardieri del Gruppo Bombardieri di base a Tortorella con le rispettive scorte di caccia P-38, che erano state rilevate dal radar. Gli italiani rivendicarono le prime tre vittorie (P-38), divise tra il capitano Visconti, il sottotenente Lugari e il sergente maggiore Cuscunà, rispettivamente; con una in più, anche se non confermata, dal sottotenente Giovanni Sajeva che danneggiò un altro caccia che non fece mai ritorno alla sua base. La prima vittima del IGC sarà il sergente Brigham, morto per i danni subiti dal suo aereo in combattimento. Come potete vedere, gli unici nemici abbattuti sono stati i caccia di scorta dei bombardieri. Questo fatto sarebbe stato ripetuto più volte, poiché i piloti italiani trovavano assai arduo accedere ai bombardieri a causa dell'intricata rete di difesa che i caccia alleati avevano in dotazione.

Questo successo confermò a Botto che l'idea di un'aviazione propria avrebbe funzionato, così il giorno dopo decise di chiedere ai rappresentanti tedeschi il permesso di togliere le insegne della Luftwaffe dai loro aerei e di sostituirle con una bandiera italiana sulla fusoliera e una copia invertita dei fasci sulle ali. Il IGC viene trasferito tra il 12 e il 24 gennaio al campo d'aviazione di Campoformido (vicino alla città di Udine) dalla sua base di Lagnasco. Questo ridispiegamento di aerei venne effettuato con l'obiettivo di proteggere la zona industriale della Germania meridionale dai bombardieri alleati che si erano fatti strada sul territorio friulano. Le tre Squadriglie che componevano il Gruppo erano comandate da Adriano Visconti (1°), Marco Marinone (2°) e Pietro Calistri (3°). Sarà presso il nuovo campo d'aviazione dove, insieme al velivolo Luftwaffe JG77, affronteranno le sempre più frequenti incursioni della 15a Aeronautica Militare. E non passerà molto tempo prima che li colpiscano, visto che il 28 gennaio (alcune fonti dicono il 24) in uno scontro sull'area di Codroipo, contro un gruppo di B-24 scortato dai potenti caccia P-47, una formazione di 13 MC.205 della IGC riuscì ad abbattere (sempre secondo fonti italiane) due B-24. Il 31 (secondo le fonti del 30) il confronto si è ripetuto con i B-24 e i P-47 del 325° FG (Gruppo Caccia) di base a Mondolfo, rivendicando l'abbattimento di due B-24 e tre P-47, pur subendo l'abbattimento di 3 MC.205 (quelli del comandante del 2° Squadriglia, Marinone, e quelli del tenente Torchio e del sottotenente Cipiciani.

Come si è visto, il JG77 in unione con il IGC agirà ripetutamente con formazioni miste italo-tedesco contro le incursioni americane. Grazie a questa unione, i piloti tedeschi mostreranno il loro profondo rispetto per i loro compagni italiani. Nonostante ciò, l'azione congiunta degli aerei di entrambi i paesi non fu facile, poiché, sebbene in alcuni casi siano riusciti ad accumulare quasi un centinaio di aerei in volo, la difficoltà stessa di controllare un numero così elevato di aerei e i problemi linguistici tra i piloti del IGC e del JG77, causarono non pochi problemi operativi.

FEBBRAIO '44

Tra il 31 gennaio e il 23 febbraio, il IGC venne coinvolto in sei battaglie contro le forze alleate nell'area di azione del Gruppo, tra cui Pola, Fiume, Lubiana e Klagenfurt. L'evento del 23 febbraio ebbe una connotazione importante per il Gruppo, in quanto il comandante, il maggiore Borgogno, fu abbattuto e costretto a paracadutarsi e a rimanere ricoverato in ospedale per un periodo prolungato. Tuttavia, il dolore della situazione era aggravato dal fatto che il colpevole era un Bf 109 tedesco che lo identificava come un combattente alleato. Quando Borgogno morì, il capitano Visconti prese il comando, lasciando il tenente Giuseppe Robetto al comando della 1° Squadriglia.
Il 25 febbraio il IGC aveva ottenuto 26 vittorie di combattimento contro la perdita di 9 aerei.

MARZO '44

Sarà a marzo quando gli Alleati attiveranno l'operazione "Strangolamento" volta a bloccare le vie di comunicazione tedesche e a interrompere l'arrivo di eventuali materiali alle unità dell'Asse di stanza a sud di Roma. L'operazione durerà dal 19 marzo al 12 maggio e raderà al suolo incroci ferroviari, stazioni, viadotti, ponti e quant'altro potesse contribuire al raggiungimento dell'obiettivo. Quindi obiettivi come quelli citati nelle città di Rimini, Bologna, Milano, Mestre, Torino, Bolzano o Verona saranno bersagli dei 15 bombardamenti dell'US Air Force.
Anche se già in addestramento dal 15 gennaio, sarà questo mese che il IIGC dell'ANR, comandato dal tenente colonnello Vizzotto (che sarà poi nominato capo dell'ispezione dei caccia, passando il comando ad Aldo Alessandrini, poi sostituito dal maggiore Carlo Miani), di base all'aeroporto di Bresso (vicino a Milano), farà il suo ingresso sulla scena per ottenere un miglioramento quantitativo delle truppe da impiegare contro gli americani. In realtà il IIGC era stato autorizzato ad essere costituito dalla fine dell'anno precedente, ma la messa a punto ritardò il suo debutto per alcuni mesi. I piloti che componevano questa Unità erano spesso veterani della RA e principalmente dei suoi Gruppi Autonomi 3 e 150, nei quali avevano usato il Bf 109G. Erano veterani della dura e impari lotta che avevano sostenuto contro gli Alleati tra i mesi di aprile e giugno dell'anno precedente nei cieli di Sicilia e del sud della penisola italiana.
La costituzione del IIGC, come nel caso del IGC, era sempre strutturata in tre squadriglie, la prima denominata "*Gigi tre osei*", la seconda "*Diavoli rossi*", la terza "*Gamba di Ferro*" e uno stato maggiore (composto dai più alti ufficiali e dal gruppo di comando). Questa denominazione di 1°, 2° e 3° Squadriglia verrà cambiata subito dopo, evitando così confusione con le Squadriglie così numerate nel IGC. I velivoli a disposizione del Gruppo erano i formidabili G.55, di cui circa 40 erano stati ricevuti a Bresso all'inizio di marzo (alcuni della "Montefusco" e altri nuovi di fabbrica). Da quel momento iniziò un'intensa fase di addestramento operativo con le loro nuove macchine, da effettuarsi presso i campi d'aviazione di Linate, Bresso e Lonate Pozzolo, dopo di che il IIGC avrebbe visto il suo comandante sostituito dal tenente colonnello Alessandrini.
L'11 marzo il IGC con 38 MC.205 partecipò ad un'azione contro i bombardieri americani B-17 che attaccarono la città di Padova. I bombardieri raggiunsero il traguardo dei 100 e furono scortati da almeno 50 P-47 del 325° GF (secondo altre fonti i bombardieri potrebbero benissimo essere stati dei B-24 e la scorta non solo dei P-47 ma anche dei P-38). Lo scontro tra le due formazioni è stato, come sempre, feroce; per circa quaranta minuti, le manovre di attacco e di difesa si sono susseguite mentre i

B-17 continuavano a perseguire i loro obiettivi. Il 1° Squadriglia rivendicò l'abbattimento di 6 P-47, per la perdita di due aerei, quelli dei tenenti Bortololani e Boscutti (quest'ultimo era stato mitragliato da un pilota nemico mentre stava scendendo con il paracadute dopo l'abbattimento del suo aereo). La 2° e 3° Squadriglia abbatterono 3 P-47 e 3 B-17, con la perdita del Sottotenente Castellani che fu ucciso, mentre un altro aereo fu distrutto durante un atterraggio di emergenza.

Il 21 marzo (secondo altre fonti il 4 aprile) la 1a e la 2a Squadriglia del IGC vennero spostate per una settimana nel campo d'aviazione di Zagabria, dove condivisero la pista con un'unità tedesca destinata a svolgere la stessa missione, per poi tornare alla loro base di Campoformido. Durante questo mese, il IGC manterrà un violento scontro armato contro una nuova formazione di bombardieri B-24 e la loro onnipresente scorta di P-47, in cui il risultato presentato dagli italiani fu di 4 B-24 e 8 P-47 abbattuti contro la perdita di 4 MC.205.

Sempre a marzo avrà il suo debutto operativo un'altra delle unità di difesa aerea dell'ANR, lo squadriglia caccia complementare. Il 13 marzo un piccolo gruppo di velivoli dello Squadriglia affrontò gli aerei alleati nei pressi dell'aeroporto di Mirafiori, alle porte di Torino.

Dopo alcuni scontri minori, il 28 marzo il IGC in piena forza con 33 MC.205 procedette ad intercettare una formazione nemica di circa 100 aerei tra bombardieri e caccia di scorta, sopra Comacchio. Dopo l'azione, secondo fonti italiane, almeno 5 P-38 e 2 B-24 furono abbattuti.

Le prime vittorie nei combattimenti ottenuti dal IGC non potevano passare inosservati ed ebbero un grande impatto propagandistico, essendo convenientemente diffuse tra la popolazione della RSI. Ma ciò che da un lato poteva essere positivo per rivendicare l'ANR come forza di protezione per la popolazione, dall'altro ebbe anche un impatto negativo, in quanto le forze alleate presero buona nota dei loro avversari italiani e della loro area di intervento. Così, il 18 marzo, le formazioni miste di bombardieri americani e combattenti di supporto, che bombardavano violentemente il Friuli, risposero. In particolare, gli obiettivi erano gli aeroporti che potevano fungere da base sia per i velivoli IGC che per quelli di Buscaglia. Gli scontri con le forze difensive tedesche (con il Bf 109G) e italiane (con l'MC.205) furono molto violenti, poiché dopo aver intercettato i B-24 e i loro compagni P-38, il Bf 109 e circa 30 MC.205 riuscirono ad abbattere 4 "Consolidated Liberator", oltre a 2 bombardieri e un altro P-38 come probabile; sempre secondo fonti italiane. In negativo, due MC.205 si persero nei combattimenti, così come due MC.205 distrutti a terra e altri 12 danneggiati. Anche la "Buscaglia" subì delle perdite, poiché un SM.79 fu distrutto e altri tre danneggiati, tutti a terra.

Seguirono giorni in cui il IGC fu coinvolto in numerosi combattimenti, che si conclusero con la rivendicazione di 10 vittorie e la perdita di due propri aerei.

Il 29 marzo si verificò una situazione che non si era presentata fino ad allora, in quanto i tre gruppi di combattenti attivi dell'ANR parteciparono ad azioni di intercettazione contro la stessa formazione nemica. Da un lato, 20 IGC MC.205 impegnati in una lotta feroce e sconnessa contro 30 P-38, con la conseguente perdita di due MC.205, ma rivendicando l'abbattimento confermato di un P-38 e il probabile abbattimento di quattro. Da parte sua, il Gruppo Caccia Complementare "Montefusco" contribuì con 6 G.55 che decollarono da Venaria Reale per incontrare il nemico. Dei sei, solo quattro (guidati da Bonet) entrarono in contatto con il nemico, riuscendo ad abbattere due B-24 (B-17G secondo Mattioli) e uno più probabile, a parte un altro B-24 che a causa dei danni subiti fu costretto ad atterrare al campo di Venegono. I due aerei che non contattarono il nemico, non riuscirono a farlo perché decollarono in un secondo turno dopo i primi quattro aerei, non riuscendo ad intercettare i bombardieri. In questo incontro il "Montefusco" perse due velivoli, uno dei quali era quello del suo capitano Giovanni Bonet (che porterà il Gruppo a cambiare nome in "Montefusco-Bonet" o "Bonet" in omaggio a questo pilota) che fu intercettato nei pressi di Cuneo dal P-47 del 325° Fighter Group nel suo volo di ritorno. Infine, l'esordio del IIGC in missione di combattimento ebbe luogo, opponendo 4 G.55 alla formazione nemica, in partenza dalla loro base di Bresso ma senza risultati.

APRILE '44

L'intensità dei combattimenti stava aumentando, pertanto il numero dei nemici uccisi, così come il numero dei loro stessi aerei, iniziò a crescere progressivamente. La situazione era già molto evidente, l'ANR doveva "sgombrare" i cieli dalle ondate di bombardieri medi e pesanti della 12a e 15a US Air Force che stavano scuotendo le città del nord Italia e della Germania meridionale, così come le comunicazioni tra i centri industriali di quelle zone. Ma dovettero anche sorvolare il territorio nemico durante i combattimenti delle teste di ponte nella zona di Anzio-Nettuno dopo lo sbarco degli Alleati; questi furono forse i pochi momenti in cui l'ANR non si comportò come una forza aerea puramente difensiva del territorio della RSI.

Nel corso di questo mese, i velivoli del IGC parteciparono a nove sortite operative con sei impegni nelle regioni del Friuli, dell'Austria meridionale e della Croazia. Come risultato dei combattimenti, furono abbattuti 4 bombardieri e 4 caccia (secondo fonti italiane), con 5 MC.205 perduti. In alcuni casi, la reazione italiana arrivò abbastanza tardi da intercettare gli aerei nemici sulla via del ritorno solo dopo aver bombardato il suolo italiano. Già il 22 aprile (secondo altre fonti il 24) il IGC iniziò ad operare dalla sua nuova base di Reggio Emilia, sempre per essere più vicino alle rotte di arrivo dei velivoli nemici.

L'attrito e la forte opposizione che le squadriglie dell'aeronautica militare della RSI mostravano, non erano indifferenti all'Alto Comando tedesco, che passava da un evidente scetticismo iniziale ad un grande apprezzamento nei loro confronti. Poiché l'ANR non operava solo per la difesa del suolo italiano, ma a titolo individuale o congiunto con i velivoli del JG77, sostenne le truppe tedesche di stanza nella parte settentrionale della RSI in molte occasioni a fronte delle continue vessazioni da parte delle forze aeree alleate. Ma quella situazione di unità miste tedesco-italiane in volo, come abbiamo commentato, non sempre ebbe buoni risultati a causa dell'aumento tra le disincronizzazioni tra l'una e l'altra, della mancanza di adeguata comunicazione dovuta al problema della lingua e per alcuni gravi e strani incidenti in quanto si trattava di fuoco amico. Il 29 aprile, diversi Bf 109s del JG77 attaccarono 25 MC.205s del IGC sorvolando l'area di San Marino, confondendoli con i P-51 Mustang, uccidendone due e lasciando i loro piloti morti.

Nel IIGC, il 1° Squadriglia dal 3° giorno si trova di stanza al campo d'aviazione di Reggio Emilia. Era il 20 aprile quando finalmente arrivò il momento della vera azione per i piloti del IIGC, che partivano dal loro campo d'aviazione di 20 G.55 per affrontare una nuova formazione nemica che, come accadeva continuamente, utilizzava il nord Italia come una vera e propria "autostrada di passaggio". Nel successivo confronto venne rivendicato il probabile abbattimento di un B-24 in cambio dell'abbattimento di un G.55 che uccise il tenente Manzitti.

Un altro importante evento si verificò il 25 aprile, quando un'ondata di bombardieri americani bombardò lo stabilimento Fiat, facendo diminuire da quel momento la produzione di nuovi velivoli e anche di motori (oltre alla completa distruzione di 15 G.55 pronti per la consegna alle unità da combattimento), cosicché i motori e i ricambi per i tanto malconci caccia italiani iniziarono a scarseggiare. Al momento del bombardamento erano stati prodotti 164 nuovi G.55, 148 dei quali si sarebbero aggiunti alle fila dell'ANR. Sebbene all'inizio si pensò di decentralizzare la produzione dell'aereo per evitare una paralisi quasi totale della sua fabbricazione, si decise infine nel settembre 1944 di non continuare la produzione tenendo conto che l'alleato tedesco avrebbe fornito all'ANR i modelli più moderni del Bf 109 (nonostante tutto, quando la fabbrica fu colpita, 37 G.55 erano già pronti e altri 73 erano in diverse fasi di sviluppo). Pochi giorni dopo, il 30 aprile, gli Alleati continuarono la loro politica di radere al suolo l'industria aeronautica italiana, bombardando lo stabilimento Aermacchi di Varese e anche lo stabilimento Breda di Bresso. Anche se va detto che questa politica di intervento era già iniziata nel mese di gennaio quando gli impianti Reggiane in Reggia Emilia vennero bombardati ben due volte; o il 20 aprile quando vennero bombardate le infrastrutture della CRDA a Monfalcone, ed ancora il 3 maggio quando sarà la volta della SIAI-Marchetti di Vergiate. Come conseguenza di questa distruzione organizzata dell'industria aeronautica, praticamente cessarono la produzione sia di MC.202, MC.205 o

G.55, con solo una leggera produzione mantenuta fino alla fine del conflitto, dei bombardieri SM.79. La Squadriglia Complementare di Caccia "Montefusco" venne riorganizzata per diventare, a partire dal 15 aprile, il Gruppo di Caccia Complementare che comprendeva la Squadriglia di Allarme "Montefusco" e poi "Bonet" (al comando del Capitano Giulio Torresi, che sarà anche nominato capo dell'intera Squadriglia dopo la perdita di Bonet), una Squadriglia di Addestramento alla Caccia (a Cervere) e una Squadriglia di Scuola di Caccia (a Venaria Reale). Delle tre unità, solo la prima era equipaggiata con caccia di prima linea come il G.55, le altre due erano fornite con modelli di aerei più obsoleti, MC.202 e MC.205 nell'EAC e CR.42 e C200 nella CEE.

La distribuzione delle forze combattenti a partire dal 26 aprile è stata organizzata come segue:
IGC con le sue tre squadriglie con sede a Reggio Emilia e dotate di MC.205V.
Il IIGC con le sue tre Squadriglie di base a Bresso e dotate di G.55. La 1° Squadriglia si recò all'aeroporto di Cascina Vaga il 29 e la 2° Squadriglia a Linate (vicino a Milano) e la 3° Squadriglia a Lonate Pozzolo il 30. Gruppo complementare "Montefusco" formato da: Squadriglia di Allarme "Bonet" di base a Venaria Reale (al comando di Torresi) ed equipaggiato con G.55; Squadra Addestramento Caccia di base a Cervere (al comando del Capitano Malvezzi) ed equipaggiato principalmente con MC.202 e MC.205 (con alcuni G.55), Re 2005 e D520 per tutta la sua esistenza); e la Squadriglia Scuola Combattenti di base a Venaria Reale e Casabianca (al comando del Capitano Pezzè), dotata principalmente di C200 e CR.42 (con alcuni G.50 e MC.202 per tutta la sua esistenza).

Il 30 aprile, dieci G.55 e un MC.205 del "Bonet" affrontarono una formazione di bombardieri pesanti americani B-17 e B-24, che avevano colpito rispettivamente Milano e Varese il primo e Alessandria e Milano il secondo. Ne risultò, forse danneggiato un B-24 che avrebbe fatto un atterraggio di emergenza in Corsica.

MAGGIO '44

Il mese di maggio, come quello di aprile, sarà febbrile, con molteplici missioni dell'ANR e successivi scontri con i bombardieri alleati. Il 2, ebbe luogo il primo incontro tra l'MC.205 e un velivolo da ricognizione P-51, che poté facilmente sfuggire grazie alla sua alta velocità. Poco dopo, forse per effetto della precedente ricognizione aerea, il 12 maggio gli uomini del IGC furono sorpresi da una missione di attacco a terra sull'aeroporto di Reggio Emilia (dove ricordiamo che il IGC era stato di stanza dal 22-24 del mese precedente, per essere più vicino alle rotte di avvicinamento delle orde di bombardieri) perpetrata dai P-38. Il risultato fu che 2 MC.205 furono distrutti sul terreno insieme a un Ca309. Ma non è tutto, perché altri sei caccia MC.205 vennero danneggiati a terra nello stesso aeroporto il 14 maggio. Di fronte a questa continua minaccia di attacchi aerei, il 16 maggio il 1° Squadriglia si trasferì a Cavriago e il 3° a Prato Fontano. Quello stesso 12 maggio, sette G.55 del "Bonet", affrontarono 31 B-17 del 301° Gruppo Bombardieri degli Stati Uniti sui cieli del Piemonte che avevano rilasciato il loro carico mortale a Trino Vercellese. L'intrepido tenente "Bepi" Biron rivendicò il probabile abbattimento di un B-17, oltre ad aver danneggiato diverse altre fortezze volanti (secondo fonti americane, tutti gli aerei tornarono, anche se due dovettero fare atterraggi di emergenza).

L'intensità dei combattimenti fu tale che a metà maggio il IGC ebbe 18 incontri con il nemico, rivendicando l'abbattimento di tre caccia (due P-51 e 1 P-38) e di quattro bombardieri statunitensi, contro la perdita di 3 MC.205.

Un altro incontro avvenne il 25 quando 10 IGC MC.205 e 16 G.55 del IIGC intercettarono una formazione di bombardieri americani e riuscirono ad abbatterne uno, oltre a tre possibili P-38, per la perdita di un IGC MC.205 e di un G.55 del IIGC. Il giorno prima, la 2a e 3a squadra del IIGC erano state trasferite nella nuova sede di Bologna.

L'ultimo combattimento di questo mese avvenne il 27 maggio, quando lo Spitfire IX del 1° Squadriglia USAF che aveva colpito gli aeroporti di Rieti, Foligno e Tierni, fu sorpreso da aerei che, pur essendo stati informati dai piloti sudafricani come FW190D, potevano benissimo essere MC.205, di cui uno venne abbattuto.

Painted by Janusz Światłoń

Messerschmitt Bf 109 G-6 marcato con la cifra "8" gialla della 2a squadriglia, 2° Gruppo Caccia ANR. Cascina Vaga (PV) Giugno 1944. Questo caccia mostra chiaramente l'insegna dei "Diavoli rossi", oltre ai tipici marchi di questa unità disegnati nello spinner.

▲ Immagine di una Fiat G. 55 in volo nella quale rimangono ancora evidenti le insegne tedesche che aveva precedentemente riportato. Per gentile concessione di EA51.ORG

◄ Il Maggiore Aldo Alessandrini, comandante del IIGC.

▼ Sergente Maggiore Luigi Gorrini, pilota del 1° Squadriglia del 1° Gruppo combattenti. Per gentile conc. di EA51.ORG

GIUGNO '44

La distribuzione del comando nel IGC e nel IIGC all'inizio di giugno è stata la seguente:
IGC sotto il maggiore Adriano Visconti
1° Esc. "Asso di Bastoni" sotto il comando del tenente Giuseppe Robetto
2° Esc. "Vespa Arrabiata" sotto il comando del capitano Amedeo Guidi.
3° Esc. "Arciere" sotto il comando del capitano Pio Tomaselli.
IIGC comandata dal tenente colonnello Aldo Alessandrini
1° Esc. "Gigi tre osei" sotto il comando del tenente Ugo Drago.
2° Esc. "Diavoli rossi" sotto il comando del capitano Mario Bellagambi.
3° Scuola "Gamba di Ferro" sotto il comando del tenente Giuseppe Gianelli.

Come abbiamo visto, l'usura sia degli uomini che delle macchine subita dal IGC era talmente elevata da dover essere brevemente ritirata dalle operazioni (all'inizio di giugno il IGC aveva circa 32 MC.205 e un Saiman 202, operativo). Tuttavia, si verificò anche una situazione di rivolta tra molti dei suoi piloti sopravvissuti contro il comportamento del governo della RSI in termini di utilizzo delle sue forze caccia. Anche se torneremo sull'argomento più tardi, la protesta si basava, tra l'altro, sul fatto che i piloti italiani vedevano che le loro azioni in molti casi non servivano ad evitare il bombardamento delle popolazioni italiane (non dimentichiamo che un motivo importante per la presenza di non pochi piloti nelle file dell'ANR era appunto quello di difendere i loro compatrioti dai pesanti bombardamenti nemici) ma per aiutare tatticamente i loro alleati tedeschi. Un fatto da tenere presente è che la presenza aerea tedesca nei cieli sopra l'Italia era andata gradualmente diminuendo sia per il maggior ruolo che l'ANR era stata autorizzata a svolgere sia per la necessità di aerei in altre aree operative; da circa 380 aerei nel luglio 1943 a 65 alla fine di giugno dell'anno successivo.

Fu proprio per questo motivo che nel CIGC, insieme alla carenza di motori e di nuovi velivoli per il IIGC armato con il G.55, si determinò la volontà di desistere dal mantenere il IIGC con il G.55 e si intraprese la conversione al Bf 109G6 (iniziando l'addestramento nel nuovo velivolo nella base di Aviano). Saranno così aggiunti al IGC 27 G.55, provenienti principalmente dal IIGC ma anche dal "Montefusco-Bonet" (come commenteremo più avanti), ricevendo il primo Bf 109G il 29 maggio presso l'aeroporto di Cascina Vaga per completare l'addestramento sul nuovo modello tedesco. Non dimentichiamo che i piloti del IIGC avevano già una buona conoscenza dei modelli precedenti del Bf 109G, quindi questa transizione poteva essere fatta più o meno rapidamente durante il mese di giugno, implementando principalmente il volo in formazione e la guida radar da terra. Dopo aver praticamente completato l'addestramento sul BF 109G6, il IIGC tornò a combattere il 24 giugno, quando affrontò i P-47, ma in questo caso non con gli americani, ma con i loro alleati francesi del GC II/5 "Lafayette". Dalla Corsica decollarono 12 P-47 con l'obiettivo di attaccare con le loro bombe da 500 kg il sistema ferroviario situato a nord della città di Genova. Per intercettarli, 16 Bf 109G6 decollarono da Pavia in quello che rappresentò il debutto operativo del loro nuovo velivolo. La partenza non fu affatto incoraggiante, in quanto uno dei Bf 109G6, pilotato dal sottotenente Gasperini, uscì di pista e andò in fiamme dopo l'esplosione del carburante. Gli aerei di fabbricazione americana riuscirono ad attaccare il loro obiettivo, anche se quando si raggrupparono per tornare alla loro base furono intercettati dal Bf 109G6, che secondo gli italiani abbatté due dei loro aerei (anche se sembra che solo un P-47 fu toccato riuscendo persino a raggiungere la sua base) senza alcuna perdita da parte italiana.

Il giorno successivo, 25 giugno, il 1° e il 2° Squadriglia IIGC verranno trasferiti a Cascina Vaga; il 26 il 3° passerà ad Aviano.

I velivoli che incominciavano ad equipaggiare il IIGC erano di due origini; da un lato c'era una maggioranza di velivoli completamente nuovi e dall'altro un numero minore di velivoli che avevano già servito nel II/JG53 e nel I/JG77 (qualcosa di simile a quanto era accaduto mesi prima quando il JJ77 consegnò agli italiani i suoi MC.205). Al fine di omogeneizzare i velivoli che costituivano il IIGC, si decise di cedere i superstiti G.55 (e come detto, con sempre meno possibilità di essere alleggeriti da altri G.55 o

Painted by Janusz Swiatłoń

Fiat G.55 (MM91304) marcato con la cifra "2" blu della 3a squadriglia, appartenente al 1° Gruppo Caccia ANR. Reggio Emilia Giugno 1944. Precedentemente questo aeroplano apparteneva alla squadriglia Bonet, che diverrà appunto la 3a squadriglia del IGC.

addirittura riparati in molti casi) al IGC, un fatto che almeno riuscì ad alleviare la quasi assoluta mancanza di velivoli in questa Unità. Lo Squadriglia "Gigi tre Osei" fu la prima unità dell'ANR a pilotare i nuovi Bf 109 ricevuti dai tedeschi.

Sarà a giugno che il IGC tornerà alle operazioni di combattimento. Pur mostrando non solo la novità del suo "nuovo" G.55, presentava anche una variazione nella sua configurazione strutturale, essendo stato affiancato dai velivoli della Squadriglia "Bonet" (ex "Montefusco"), nonché dal personale ad essa collegato (questa Unità era stata assegnata dal 6 giugno a Reggio Emilia). Così, il IGC si trasformò da un'Unità costituita da MC.205 ad un'Unità mista di MC.205 e G.55. Pertanto la 1a e la 3a Squadriglia utilizzarono il G.55 e l'MC.205, mentre la 2a Flotta volava solo con l'MC.205.

Tra il 4 e il 20 giugno, gli uomini del IGC effettuarono nove sortite in cui contattarono il nemico in tre di esse. Il risultato fu l'abbattimento di due B-24 contro la perdita di 5 aerei (4 G.55 e un MC.205). Il debutto dei G.55 avvenne il 9 giugno quando riuscirono ad abbattere due B-24 (uno da parte del tenente Robetto e l'altro del sergente maggiore Chiussi) e un P-38 sopra Lubiana (del sottotenente Morandi) a est di Venezia. Il 15 giugno, durante una missione nei cieli toscani, l'aereo numero 50 fu abbattuto dal IGC e il capitano Visconti fu promosso al grado di maggiore. A causa dell'intensità dei combattimenti (con un importante carico di fatica fisica e psicologica nei piloti, oltre alle molteplici perdite subite) e dei danni alla flotta di aerei, il Gruppo si trovava permanentemente "alle corde". La situazione portò alla necessità di liberare un buon numero di piloti dalle missioni operative, nella speranza di ottenere un rapido recupero per i prossimi combattimenti. La diminuzione del numero di piloti disponibili diede luogo ad un'altra trasformazione nel IGC, che sarà la soppressione della 3° Squadriglia e la sua sostituzione permanente con la Squadriglia "Bonet" che diventerà la 3° Squadriglia (rimanendo al comando del Capitano Giulio Torresi). Allo stesso modo, il capitano Visconti sarà sollevato dal comando che sarà detenuto dal capitano Arrabito. Sebbene questa ristrutturazione avesse almeno in parte un senso, non erano questi gli unici motivi che l'hanno determinata. L'altra causa fu la disputa tra il maggiore Visconti (il capo del IGC) e il successore di Botto in carica, il generale Tessari, in cui il pilota presentò un gran numero di richieste sostenute dalla sua unità, come la completa separazione della politica e delle Forze Armate, l'immediata eliminazione all'interno dell'ANR di incompetenti e di persone che pensavano solo per il proprio bene e non per quello del Paese; un arresto immediato delle deportazioni degli italiani nel Reich, o una chiara spiegazione del rapporto tra il Reich e la RSI (va ricordato che territori italiani come la costa adriatica e le Prealpi erano di fatto controllati dai tedeschi). Il generale Tessari non poteva tollerare tutto questo che considerava un affronto, così Visconti fu sollevato dal comando e gli squadroni ridotti in uomini e truppe. Il 30, infine, il IGC venne trasferito nell'area vicentina, in particolare negli aeroporti di Thiene e Villaverla.

LUGLIO '44

I mesi estivi furono frenetici per le varie unità dell'ANR. Il IGC ebbe l'opportunità di mostrare le sue credenziali agli aerei alleati durante le 7 occasioni in cui entrarono in combattimento. Il risultato, secondo gli italiani, è stato di 4 caccia nemici abbattuti (3 P-47 e uno Spitfire) e di alcuni Boston toccati, contro gli 11 MC.205 abbattuti con la perdita di 7 piloti. Nei combattimenti fino al 20 luglio, il IGC avrebbe perso fino a 4 aerei in più, essendo tra le sue vittime il nuovo comandante dell'Unità, il capitano Arrabito, che doveva essere sostituito dal già esperto in materia, il capitano Visconti.

Nel combattimento che il IGC realizzò contro gli aerei americani il 1° luglio, una formazione di MC.205 e G.55 fu sorpresa da alcuni P-47. Durante la mischia, è stato riportato che due aerei nemici furono abbattuti (infatti, solo tre P-47 furono danneggiati e riportati sani e salvi alla loro base) a causa della perdita di cinque aerei, con due piloti uccisi (uno di loro l'asso italiano Torresi) e uno ferito.

Il relitto della "Montefusco", già senza la sua Squadra "Bonet" (integrata nel IGC), con la denominazione ufficiale di Gruppo Complementare Caccia "Montefusco", rimase assegnato all'aeroporto di Venaria. Il 15 luglio subì una riorganizzazione, essendo costituita da una Compagnia di Comando, Squadriglia Addestramento Combattenti, Scuola Combattenti 1a Sezione, Scuola Combattenti 2a Sezione. Infine, il 1° settembre, il Gruppo Caccia Complementare "Montefusco" viene sciolto.

Sempre il 20 luglio, il IIGC già con le sue nuove macchine a pieno regime ebbe l'opportunità di dimostrare il suo valore agendo dalla sua nuova base di Villafranca, vicino a Verona (una delle Squadriglie, la 3ª agiva da Ghedi). In 17 combattimenti, 12 Bf 109G6 vennero abbattuti, in cambio di 10 A-20, 6 P-47, 4 Spitfire, 3 B-24 e un P-38. Il IIGC cominciava a dimostrare il suo valore grazie alla rinnovata flotta di aerei, alla migliore manutenzione, alla maggiore esperienza nella loro gestione e naturalmente alla maggiore possibilità di trovare nemici sui cieli d'Italia con l'avanzare del conflitto.

Uno di questi combattimenti si svolse l'11 luglio e il suo avversario era una combinazione di 21 bombardieri francesi B-26 (del GB I/19 "Gascogne") provenienti dalla Sardegna, scortati da 12 Spitfire IX del 238° Squadriglia della RAF. Davanti a loro anche una combinazione di velivoli, in questo caso tedeschi (6 Bf 109G6) e italiani (9 Bf 109G6). La scorta del caccia rese difficile il compito del tedesco-italiano di accedere ai B-26, facendogli pagare il pedaggio per l'abbattimento di due dei Bf 109G6. Ma i coraggiosi piloti italiani non mollarono, e alla fine due caccia riuscirono a danneggiare almeno due B-26, uno dei quali fu abbattuto, mentre l'altro perse la sua capacità operativa a causa dei danni. Il risultato è stato che, sebbene il bombardamento non sia stato evitato, ha potuto essere effettuato solo da 8 dei 21.

Anche se meno frequenti, la ANR non ha operato solo nei cieli italiani, ma per esigenze operative sempre subordinate agli interessi della Luftwaffe, in alcune circostanze ha operato sui cieli del Reich. Il 25 luglio 18 Bf 109G del IIGC ricevettero l'ordine di trasferirsi a Tulln (vicino a Vienna, la capitale austriaca e quindi in territorio del Reich), dove furono temporaneamente subordinati al JG53. Un totale di 8 B-24 vennero rivendicati dalla forza congiunta italo-tedesca e abbattuti.

Alla fine del mese, il 26 luglio, gli uomini del IGC riuscirono ad abbattere 5 Douglas A-20 britannici (conosciuti come Boston).

AGOSTO '44

Il mese di agosto 1944 segnerà una svolta nella breve ma intensa storia dell'ANR, dato che i tedeschi tenteranno ancora una volta di prenderne il controllo. Non possiamo dimenticare che l'esistenza dell'ANR in quanto tale aveva causato diversi problemi:

- I tedeschi non avevano mai accettato volentieri che l'ANR avesse l'autonomia politica e operativa che aveva dimostrato fin dalla sua nascita.
- L'ANR era il più efficace dei tre rami delle forze armate della RSI, e quindi quello più "popolare", che, insieme al fatto che era il ramo militare meno influenzato dai politici e più lontano dalle posizioni di governo, era un affronto ai tedeschi.
- In molti casi è vero che l'ANR e la Luftwaffe agirono in sincronia, ma in altre situazioni le operazioni dell'ANR andavano contro le decisioni prese dal Comando italiano della Luftwaffe.
- E sempre tenendo presente che la prima intenzione tedesca (anche se fallita su insistenza delle autorità dell'RSI) era quella di integrare gli italiani nella Luftwaffe. Poiché la spina era rimasta incastrata, i tedeschi cercavano di rimuoverla con la cosiddetta "Operazione Phoenix".

Tutte queste ragioni portarono il comandante in capo della Luftwaffe in Italia, il generale Wolfram von Richtofen, a ordinare l'invio di truppe armate della Luftwaffe a tutte le unità ANR il 25 agosto 1944. L'esplicita missione era di bloccare gli aeroporti fermando tutte le attività operative delle unità dell'ANR. Tutti i reparti italiani furono anche isolati tagliando loro le comunicazioni telefoniche. Una volta "arrestati" tutti gli uomini dell'ANR, venne loro spiegata la nuova situazione: "L'ANR è stata sciolta e il suo personale ha due scelte su cui decidere: entrare a far parte di una "Legione italiana" integrata nella Luftwaffe che verrà creata immediatamente o entrare a far parte delle divisioni di artiglieria antiaerea tedesca".

Evidentemente, per gli uomini dell'ANR fu una doccia fredda, poiché non vedevano alcun senso in una tale decisione. La risposta fu di moderato anticonformismo nelle unità di supporto a terra, ma

▲ Fotografia con tutti i piloti del 2° squadriglia del 1° gruppo combattenti in posa su un MC. 205V. Insieme alla foto sotto per gentile concessione della Pagina Facebook "A Difesa dei cieli d'Italia. Aeronautica Nazionale Repubblicana RSI"

◄ Il capitano Mario Bellagambi nella cabina di pilotaggio del suo Messerschmitt Bf 109 appartenente al 5° Squadriglia del 2° gruppo caccia. Per gentile concessione di EA51.ORG

▼ Immagine di un MC. 205V con un altro "fratello" in primo piano, appartenente al 1° squadriglia del 1° gruppo combattenti all'aeroporto di Campoformido nel marzo 1944. Puoi vedere chiaramente le insegne "Asso di fiori" sul naso dell'aereo.

▲ Fiat G. 55 appartenente allo Squadriglia complementare "Montefusco". Per gentile concessione del Web "Aerei nella Regia Aeronautica"

◄ Il valoroso pilota Ugo Drago che era a capo del 1° squadriglia del 2° gruppo caccia Per gentile concessione di EA51.ORG

▼ Diversi Fiat G. 55 in primo piano e sullo sfondo diversi MC. 205 appartenente alla Sezione Allarmi dello Squadriglia Complementare "Montefusco" a Venado Reale il 28 marzo 1944. Nei primi due aerei è possibile vedere svastiche nella coda di essi, il che indica che sono state dipinte con pelli tedesche quando sono state requisite dai tedeschi dopo l'armistizio. Per gentile concessione del Web "Aerei nella Regia Aeronautica"

nei piloti e negli uomini delle unità operative, essa fu molto più determinata e violenta. Dopo tutti i combattimenti degli anni precedenti e la difficilissima decisione di unirsi all'ANR, ora erano stati i tedeschi a tradirli e a spogliarli di nuovo dei loro aerei. Ma come è stato detto in più di un'occasione, ai piloti non è mai mancata un'oncia di determinazione, coraggio e reattività. Il IGC diede fuoco ai propri aerei prima di consegnarli (circa 30 aerei tra MC.205 e G.55 andarono perduti per sempre), mentre il IIGC respinse i tedeschi dalle loro strutture sotto la minaccia delle armi. La situazione divenne così tesa, che lo scontro armato fu molto prossimo tra gli uomini dell'ANR e i tedeschi.

Informato degli eventi, Mussolini avanzò immediate proteste a Hitler e al maresciallo Goering come capo supremo della Luftwaffe. La richiesta di Mussolini era chiara, voleva che l'ordine dato alle truppe della Luftwaffe venisse revocato e che tutto tornasse alla situazione di partenza, chiese anche di non voler più considerare il generale Wolfram von Richtofen interlocutore con loro, motivo per cui l'ufficiale doveva essere ritirato dalla sua posizione in Italia. Mussolini nella sua lettera a Hitler del 30 agosto scrisse che "le cose sono state gestite in modo così approssimativo che sembra che si stia facendo di più con l'aeronautica militare di Badoglio che con l'ANR. L'umiliazione subita dagli ufficiali e dai soldati è stata dolorosa e incomprensibile. Questa situazione con il governo della RSI, insieme al mancato successo della "Legione Italiana", alla fine comportò a Richtofen e al suo staff di essere richiamato in Germania e finalmente sostituito dal generale von Pohl e dal suo staff".

Anche se la situazione andò normalizzandosi essa era ben lungi dall'essere quella che esisteva prima dell'"Operazione Phoenix", poiché il IGC non aveva velivoli, e i tedeschi si erano impadroniti dei Bf 109G del IIGC. Anche la "Buscaglia" era in un periodo di riorganizzazione dopo il suo viaggio attraverso il Teatro delle Operazioni dell'Egeo. Insomma, anche se grazie all'intervento di Mussolini l'intera "Operazione Phoenix" non era arrivata a nulla, la realtà era che ci sarebbero voluti più di due mesi perché l'ANR tornasse ad essere pienamente operativa.

Intanto la guerra continuava, e il 28 agosto un bombardamento del 12° B-26 dell'Aeronautica Militare colpì il campo d'aviazione di Villafranca dove distrusse un Bf 109 e ne danneggiò diversi altri che, pur appartenendo all'ANR, furono requisiti dai tedeschi. Altri aerei del IIGC andarono perduti in voli effettuati da piloti tedeschi del JG 77 per trasferire gli aerei richiesti.

Von Pohl era di mentalità più aperta rispetto al suo predecessore e dopo aver visto i buoni risultati dell'ANR fino a quel momento, offrì all'ANR la sua piena collaborazione e il suo sostegno. Si era reso conto che una ANR funzionale e incisiva (come aveva dimostrato di essere) poteva alleviare i combattenti della Luftwaffe nella difesa del Nord Italia, permettendo loro di venire utilizzati alla tanto necessaria difesa dei combattenti del Reich. Intanto già a metà del 1944, con la distruzione dopo il bombardamento del complesso industriale Macchi, divenne un compito difficile mantenere in volo la flotta MC.205. Il costante stillicidio che colpì sia gli aerei che i loro piloti, portò alla decisione che il IGC sarebbe andato in Germania per l'addestramento di transizione al Messerschmitt Bf 109G6, con cui sarebbe stato riequipaggiato. Dopo il IGC, il IIGC seguirà presto, ma nel frattempo rimarrà l'unica unità da combattimento dell'Asse disponibile per la difesa del territorio del Nord Italia, dato che il JG77 tedesco si ritirerà a fine settembre nelle sue basi in Germania dove effettuerà anche l'addestramento di transizione per i nuovi Bf 109G14 e Bf 109K.

Poco prima dell'ultimo fallito tentativo tedesco, un altro momento importante si verificò nell'ANR, poiché il 15 agosto si formò ufficialmente il IIIGC "Francesco Baracca" con ordinanza dell'11 agosto (già da luglio si pensava di dare forma al nuovo Gruppo in un primo momento a Fossano per trasferirsi subito dopo a Vicenza). Tornando alle origini della creazione di questo nuovo Gruppo, già nell'ottobre 1943 il Capitano Fernando Malvezzi, in contatto con Ernesto Botto, venne trasferito con il suo Squadriglia all'aeroporto di Castiglione del Lago dove prenderà il comando della Scuola (Fighter Training Squadron) equipaggiata principalmente con MC.202. Qui, come unità della Scuola, formarono 3 Squadroni, che subirono alcune perdite quando furono distrutti a terra dopo il bombardamento alleato del 21 giugno sulla loro base aerea. In questo periodo subirono anche le perdite di alcuni dei loro piloti, dovute all'azione dei partigiani, come nel caso del rapimento di Giulio Cesare Giuntella, del 3° Gruppo (IIIGC).

Già dalla sua formazione la 1° Squadriglia del IIIGC fu trasferita all'aeroporto di Vicenza mentre la 2a e 3a Squadriglia andò a Thiene, dove sui unirà con il IGC. Lì, e dopo la scomparsa del Gruppo Complementare di Caccia "Montefusco-Bonet", anche alcuni dei loro elementi finirono per integrarsi nel IIIGC (tra quelli del "Bonet" e alcuni provenienti dalla IGC, circa 105 uomini tra piloti e specialisti), anche se la natura eterogenea della flotta di aeromobili avrebbe comportato un altro importante motivo di ritardo nel raggiungimento della piena operatività nel Gruppo di nuova costituzione.

Questo IIIGC, che come è stato detto era stato creato attraverso l'unione di due squadriglie di caccia indipendenti (la Scuola e il Complementare) formate principalmente da MC.202, di fronte alla mancanza di aerei non divenne mai operativo.

Poiché gli MC.202 erano aerei superati dai modelli del nemico, era previsto che il IIIGC ricevesse gli MC.205 e i G.55 che non sarebbero più stati utilizzati dagli uomini del IGC, in attesa di ricevere il Bf 109G6 che il JG77 avrebbe lasciato, al suo ritorno in Germania, per essere istruito, come già detto, nelle versioni più moderne del Bf 109. Evidentemente, l'Operazione Phoenix ritardò ulteriormente l'operatività dell'Unità. Quando Malvezzi si recò a Torino come capo dell'Unità con l'idea di entrare a far parte della Luftwaffe, anche se con qualche riserva perché riteneva che provenisse dal governo italiano. Ma quando ricevette l'informazione che sia il IGC che il IIIGC si erano opposti a questa cosa, ritirò immediatamente la sua adesione. Mentre quest'ultimo era a Torino, era il capitano Pocek il comandante in carica dell'Unità, che dovette trattare con i tedeschi fino a quando non fu finalmente informato da Malvezzi della situazione reale.

SETTEMBRE '44

Dopo la frattura causata dall'Operazione Phoenix del mese precedente, nel mese di settembre l'ANR iniziò a riorganizzarsi. Tre unità più grandi vennero ufficialmente sciolte, come il già citato Gruppo di Caccia Complementare, il Comando Aerosiluranti e la Squadra di Bombardamento "Ettore Muti" (che non divenne mai operativa) e alcune più piccole. D'altra parte, il IGC fu rimodellato quando le sue tre Squadriglie furono sciolte, per essere riformate e dotate di macchine migliori, con il nome di "Asso di Bastoni". Il suo stato maggiore di comando fu trasferito ad Albino e lo stato maggiore della Squadriglia a Ponte San Pietro entrambi in provincia di Bergamo.

Questo mese fu dedicato principalmente a cercare di rimettere in funzione le varie Unità che erano rimaste attive dopo il rimodellamento, poiché da quel momento in poi, dopo lo spostamento del 14 settembre a Dresda del II./JG77 (l'ultima Unità tedesca in terra italiana), la difesa del cielo d'Italia farà carico interamente alle unità dell'ANR. E a causa di ciò, l'intero IIGC venne trasferito all'aeroporto di Villafranca a Verona tra agosto e settembre.

OTTOBRE '44

Il neo nominato Jagdfliegerführer del Nord Italia, il colonnello "Edu" Neumann, che aveva una buona conoscenza degli italiani per aver combattuto insieme in Nord Africa, avrà un ruolo importante nel far tornare operativa l'ANR. La decisione di Neumann si basava sull'altissimo (nonostante tutti i recenti avvenimenti) spirito combattivo e sul morale che ancora risiedeva nei piloti italiani dell'ANR; molto più alto di quello che professavano quando appartenevano alla Regia Aeronautica. Nuovi rifornimenti di Bf 109G arrivarono sui campi d'aviazione del IIGC, che si preparava a combattere di nuovo, in questo caso dalle loro basi di Ghedi (a Brescia) e Villafranca (campo d'aviazione dove il Gruppo è stato insediato sin dal suo ritorno da Tulln). Quindi, il 19 ottobre l'ANR, dopo quasi due mesi di inattività a causa dell'"Operazione Phoenix", tornerà in azione. Il IIGC prese parte alla battaglia sul lago di Garda ai B-26 del 319thBG, sostenendo di aver abbattuto 8 B-26 secondo gli italiani (sembra che ne siano stati abbattuti solo 3 da fronti alleate) in cambio dell'abbattimento di un Bf 109 (quello del sergente Leo

Talin). Questa azione ottenne anche le congratulazioni di Kesselring. Altre due battaglie si svolsero ad ottobre, con tre aerei alleati abbattuti (forse quattro) contro la perdita di tre Bf 109.

Alla fine del mese, il 28, la 2a Squadriglia IIGC si troverà ad Aviano, da dove agirà fino all'11 del mese successivo quando si trasferirà nella base di Osoppo, ed essere sostituita ad Aviano dalla 1a Squadriglia. Dopo il riequipaggiamento del 2 ottobre, si dovette aspettare fino alla metà del mese per i primi scontri. All'inizio gli attacchi degli italiani erano portati da piccoli gruppi di aerei isolati e con un grado di aggressività di pilotaggio non intenso (secondo i servizi di intelligence alleati). Ma questo atteggiamento cambierà con l'avanzare del mese, poiché con la gestione dei nuovi aerei, aumentò il numero di velivoli che parteciparono alle intercettazioni (ora almeno 15 o 20 aerei) e soprattutto si assiste a un netto aumento dell'aggressività del pilotaggio degli italiani, che si tradurrà in un aumento del numero di vittime subite dai raiders alleati.

Infine, il 29 del mese, gli uomini del IIIGC si trasferirono a Desio, dove non si fermarono a lungo, poiché poco dopo andarono in Germania per i nuovi training.

NOVEMBRE '44

Il 2 novembre il IIGC aveva almeno 42 Bf 109s in azione, con i quali affrontò gli aerei nemici, come il 5 quando abbatterono 3 B-26s e ne danneggiarono altri 6 del 320° Gruppo Bombardieri che doveva attaccare la stazione ferroviaria di Rovereto. Il 16, il capitano Drago al comando di otto Bf 109 della 1° Squadriglia decollò con urgenza dalla base di Aviano per affrontare alcuni gruppi sparsi di B-17 e P-51 che scortavano sulla regione di Udine, affrontati per circa 10 minuti. A causa del numero del nemico, altri otto aerei, in questo caso del 2° Squadriglia, furono inviati sotto il comando del capitano Bellagambi, che trovò il nemico vicino alla foce del fiume Livenza verso le 13.10. Il risultato finale fu l'abbattimento di quattro B-17 contro la perdita di due Bf 109.

La resistenza offerta dall'ANR fu di un certo peso, considerati i suoi limiti. Lo dimostrano le cinque missioni di combattimento che il IIGC condusse tra il 4 e il 16 novembre contro i bombardieri alleati e la loro scorta aerea. Ora si trovano nella base di Aviano e sottoporranno i velivoli dell'Aeronautica Militare del Mediterraneo (MAAF) a severe caccie. Nei combattimenti sopra citati furono rivendicati 7 B-17, 5 B-26, 2 P-47 e 2 P-51, contro la perdita di 4 Bf 109G. Di fronte a questa crescente resistenza, il MAAF decise di far fuori i mezzi nemici direttamente a terra. Così, pesanti bombardamenti furono effettuati sui campi d'aviazione di Villafranca, Ghedi e Aviano, causando la distruzione di sette velivoli Bf 109G e l'inagibilità dei campi d'aviazione, nel migliore dei casi, per almeno 24 ore. Questi attacchi vennero perpetrati per due settimane, principalmente dagli A-20 del 47° Bombardieri. Ciò che varia da questo mese è l'ordine esistente fino a quel momento di non richiedere la scorta di caccia per i bombardieri medi, essendo stato dichiarato necessario il 14 novembre. In questa campagna saranno bombardati anche i campi d'aviazione di Campoformido, Ghedi o Vicenza, tra gli altri.

A questo punto del conflitto, per quel che stava accadendo nel nord Italia (a causa anche della sua vicinanza al Reich tedesco), la perdita dei piloti stava diventando molto più preoccupante della perdita delle loro macchine. I tedeschi fornivano volentieri adeguatamente gli italiani coi modelli Bf 109 più moderni, tra cui il G14.

Di fronte alla distruttiva politica degli alleati di bombardare i campi d'aviazione dell'ANR, gli aerei del IIGC schierati in Lombardia, cambiarono in molti casi i loro campi d'aviazione per piste d'erba camuffate in prossimità dei campi d'aviazione di Osoppo, Villafranca, Maniago, Campoformido, Orio e Aviano. Ma lo stratagemma migliore che fu adottato per confondere i bombardieri fu la disposizione di esche negli aeroporti in modo che questi fossero quelli attaccati, finti aerei che poi venivano dati come aerei distrutti a terra dai piloti alleati.

Da parte sua, il IGC dall'inizio di novembre, assiste alla ricostruzione delle squadriglie ad Albino (BG) per poi procedere con il suo piano di addestramento e il passaggio al Bf 109G sul suolo tedesco (a Holzkirchen dopo il suo primo passaggio attraverso Memmingen). Accadde un fatto poco noto, ma che nuovamente dimostra l'interesse della Germania aveva di mantenere presso di loro i piloti dell'ANR equipaggiati con gli ultimi moderni aerei dell'aeronautica tedesca. Gli eventi si svolsero presso la base di Holzkirchen, dove la Luftwaffe scelse di addestrare alcuni dei piloti del IGC con un nuovo e moderno caccia da combattimento, anche se senza specificare meglio di che modello si trattasse. Diciassette piloti, tutti indipendenti, al comando del capitano Giuseppe Robetto, furono scelti per quello che credevano sarebbe stato l'addestramento col nuovo reattore Me262. Furono quindi portati all'aeroporto di Rangsdorf (vicino a Berlino) dove gli italiani si confrontarono con la realtà, poiché al posto del Me262, trovarono degli alianti (i modelli Grunau Baby e Habicht 14, 8 e 6) che li avrebbero aiutati ad apprendere i pro e i contro delle tecniche di atterraggio e di pilotaggio degli aerei ad alta velocità. Da Rangsdorf, gli uomini si trasferirono a Sprottau in Slesia per continuare la loro preparazione. Nonostante la delusione di lavorare con le alianti, i piloti mostrarono tutto il loro interesse sfoggiando una volta di più le loro buone capacità di pilotaggio, completando quasi tre ore di volo durante il periodo di addestramento.

Dovranno aspettare fino ai primi di gennaio 1945 quando il segreto sarà rivelato e il sospetto che si dovesse trattare del Me 262 divenne realtà. Il corso iniziò con la sua parte teorica a terra mentre all'aeroporto di Sprottau i voli venivano preparati con il Me 163A senza motore, cioè alianti, e lanciati dal buono ma superato Bf 110. Ma le cattive condizioni meteorologiche con intense nevicate nell'area di addestramento, frustrarono la possibilità di effettuare i voli. Ma il vero motivo, assai più preoccupante della neve che impedirà il completamento di questo addestramento era dato dal fatto che i russi si stavano avvicinando, dato che il 12 gennaio 1945 i sovietici avevano già attraversato la Vistola avanzando come un rullo compressore davanti alle demoralizzate truppe tedesche. Considerate tutte le difficoltà, all'inizio di febbraio si decise di rimpatriare gli italiani nel più stretto riserbo sulla loro provenienza o su quello che avevano fatto.

Un altro fattore da tenere in considerazione è il forte sospetto da parte delle autorità italiane che gli uomini del IGC che stavano svolgendo il loro addestramento sul suolo tedesco, venissero utilizzati anche dalla Luftwaffe per il trasferimento di aerei che sarebbero poi stati utilizzati nell'"Operazione Bodenplatte".

Gli Alleati, dal canto loro, stavano potenziando sempre più l'azione con le loro forze di bombardieri su quelle zone del nord Italia e del sud del Reich che erano fuori dalla portata delle flotte di bombardieri clocalizzati nel Regno Unito. L'Aeronautica Militare Strategica, composta dalla 15a Aeronautica Militare e dal 205a Gruppo, ora con sede nell'area di Foggi-Bari ben rifornita di carburante dall'oleodotto del porto di Manfredonia, con il suo ampio raggio d'azione sottoporrà a ferro e fuoco tutte le industrie, raffinerie petrolifere, impianti petroliferi sintetici, magazzini e quant'altro poteva portare alla paralisi delle forze dell'Asse.

DICEMBRE '44

Il IIIGC, di stanza a Desio a metà del mese, seguì il IGC nel suo compito di addestrare 76 piloti per i suoi nuovi velivoli. Queste formazioni si svolsero a Holzkirchen (secondo altre fonti a Furth). Questa formazione con i Bf 109 inizierà effettivamente a febbraio e i piloti rimarranno sul suolo tedesco fino al marzo 1945.

Per quanto riguarda le battaglie aeree, durante questo mese il tempo impedì davvero azioni da entrambe le parti. La missione del IGC con sede nella regione di Udine e del IIGC con sede nella zona di Milano-Varese, è rimasta la stessa di sempre, la difesa dei cieli del Nord Italia, con particolare dedizione alle zone industriali e alle popolazioni. Inoltre, la collaborazione con le unità della Luftwaffe che ne avevano fatto esplicita richiesta sarebbe proseguita. Nel periodo furono registrate solo tre battaglie, tutte effettuate dagli uomini del IIGC che hanno rivendicato l'abbattimento di 5 B-25, 3 P-51 e uno Spitfire, subendo la perdita di un Bf 109. Ma i danni furono in realtà di più, poiché il 24 dicembre i mezzi del 14° Bf 109 furono distrutti a terra dai P-47 del 350° FG all'aeroporto di Thiene, dove la 4° e

▲ P-38 americani "Lightning" Squadron in missione di combattimento. Per gentile concessione del Web "Aerei nella Regia Aeronautica"

▶ Un pilota dello squadriglia "Montefusco" scattato a Venaria Reale Per gentile concessione della Pagina Facebook "a Difesa dei cieli d'Italia. Aeronautica Nazionale Repubblicana RSI".

▼ Manutenzione da parte degli "uomini di terra" di un MC. 205V serie III appartenente al 1° squadriglia del 1° gruppo caccia. Questo aereo fu il primo a ricevere il nuovo mimetico di tipo tedesco in tre tonalità. Per gentile concessione del Web "Aerei nella Regia Aeronautica"

la 6° Squadriglia (la classica 1° e la 3° IIGC) erano stati stazionati rispettivamente il 17 e il 22 dicembre. Ancora una volta, il Bf 109 dovette essere ricostituito, in questo caso da una serie di Bf 109G10. Il futuro 5° Squadriglia (2° Squadriglia del IIGC) sarà di stanza all'aeroporto di Ghedi a partire dal 2° del mese successivo.

GENNAIO '45

Il nuovo anno iniziò come quello precedente, il clima molto avverso per il volo da combattimento limitò le possibilità di incontri con il nemico. In ogni caso, l'ANR avrebbe avuto poco da contrapporre agli Alleati, poiché solo il IIGC ora comandato dal maggiore Carlo Miani, che aveva sostituito il tenente colonnello Alessandrini alla fine del 1944, era pronto ad assumere la difesa aerea di tutto il nord Italia. Inoltre, il corso della guerra fece sì che il carburante scarseggiasse e che i pezzi di ricambio arrivassero con più difficoltà, quindi mettere i caccia in condizioni di volo divenne un compito molto difficile, per cui il numero di essi si ridusse a livelli molto bassi. Nonostante questo, c'era poco da fare di fronte all'immenso equipaggiamento da combattimento che gli Alleati possedevano.

FEBBRAIO '45

Sarà in questo mese che il IGC tornerà finalmente in azione con i suoi nuovi Bf 109, quindi il numero di interventi aerei aumentò notevolmente. I suoi uomini ritornarono in Italia a fine gennaio con il nuovissimo Bf 109G10, 52 nuovi Bf 109G10 motorizzati con motori DB605AS (un motore "sostitutivo" a fronte della scarsa disponibilità di quello specificato per il velivolo, che quando veniva utilizzato si chiamava Bf 109G10/AS) e il DB605D (il motore per il quale il velivolo era stato effettivamente progettato e che ha determinato il nome del velivolo come Bf 109G10). Sotto il comando del maggiore Visconti, il IGC sarebbe tornato in azione dalle sue basi di Malpensa e Lonate Pozzolo, per poi essere posizionato anche all'aeroporto di Gallarate, a pochi chilometri a nord-ovest di Lonate Pozzolo.

Da parte sua, il IIGC con il suo Bf 109 con sede nel settore di Brescia e Verona (erano di stanza nei campi d'aviazione di Thiene e Ghedi i primi giorni di febbraio e poi passarono ad Aviano con il 4° e 6° Squadriglia e il 5° ad Osoppo, quest'ultimo dopo la promozione alla guida del IIGC del maggiore Miani, , era al comando dell'asso il capitano Mario Bellagambi) impegnati in combattimenti quattro volte durante il mese, principalmente nelle missioni di intercettazione delle forze bombardiere che ridussero in macerie le linee di comunicazione del Passo del Brennero (che situato al confine tra l'Italia e il Reich, la via di approvvigionamento principale e per questo molto importante). Il risultato dei combattimenti secondo gli italiani fu di dieci B-25 e uno Spitfire in meno, contro la perdita di 6 Bf 109G. Nei primi mesi dell'anno il IIGC effettuerà la manutenzione dei propri velivoli tra i campi d'aviazione del Veneto e del Friuli, come richiesto dalle circostanze. A seguito dei danneggiamenti cui furono sottoposti i suoi campi d'aviazione, una volta completate le sue missioni in volo, emerse il difficile compito di nascondersi a terra dagli occhi del nemico. Così gli aerei vennero mimetizzati sotto le cime degli alberi o sotto le reti che nascondevano le loro sagome. Il rifornimento di carburante nei campi d'aviazione era un rischio elevato alla luce del giorno, quindi l'arrivo dei camion con il carburante era fatto di notte. Nonostante ciò, gli attacchi alleati agli aeroporti furono ripetuti più volte (più di 30 volte), anche se i danni inflitti effettivamente non furono così gravi come si potrebbe pensare, in quanto vennero impiegati molti trucchi per far sì che ciò accadesse. Come appena detto la posizione degli aerei era decentrata, erano nascosti sotto alberi, in particolari costruzioni tronco piramidali fatte col terreno delle campagne e denominati box, reti mimetiche o qualsiasi altro elemento utilizzato utile; inoltre venivano utilizzati modelli che fingevano di essere veri aerei e che quando attaccati prendevano fuoco (essendo fatti principalmente di legno e cartone) facendo credere agli aggressori che si trattasse di aerei veri e propri.

Sempre nel corso del mese di febbraio, verrà apportata una modifica al sistema di numerazione delle Squadriglie dei tre GC, che rimarrà invariato:

▲ Il potente B-17 nella foto, insieme al B-24, furono i responsabili di "schiacciare" le città e le industrie del nord Italia con grande efficacia. Per gentile concessione del Web "Aerei nella Regia Aeronautica"

◀ Particolare dell'insegna "Diavoli Rossi" ("Red Devils") del 2° gruppo caccia nel naso di una Fiat G. 55 "Centauro". Per gentile concessione di Asisbiz

▼ Macchi MC. 205V appartenenti al 1° squadriglia del 1° gruppo di caccia all'aeroporto di Campoformido. Per gentile concessione del Web "Aerei nella Regia Aeronautica"

▲ Fiat G. 55 appartenente al 1 ° squadriglia del 2 ° gruppo caccia abbandonato dopo un attacco alleato in un campo d'aviazione.

▶ I fratelli e piloti Oddone e Fabrizio Colonna posano accanto a un aereo dove possiamo apprezzare il distintivo "Vespa incacchiata" appartenente al 2 ° Squadriglia del 1 ° Gruppo caccia. Per gentile concessione del Web "Aerei nella Regia Aeronautica".

▼ Un pilota posa sul suo MC. 205V nel luglio 1944. Possiamo vedere lo spinner con una spirale nera per una migliore identificazione in volo.

Il IGC sarà rinominato "I Gruppo Caccia Terrestre Asso di bastoni" e sarà composta da: 1°, 2° e 3° Squadroni (ufficialmente denominati rispettivamente "Alessandro Brighi", "Marco Marinone" e "Giovanni Bonet")

Il IIGC: Composto dalla 4a (ex 1a), 5a (ex 2a) e 6a (ex 3a) Squadra (ufficialmente denominate rispettivamente "Gigi Cannepele", "Nicola Magaldi" e "Giorgio Graffer" e poi "Graffer-Bulgarelli").

Il IIIGC: Composto dalla 7a, 8a e 9a Squadriglia. Anche se, come abbiamo visto, questo GC non divenne operativo in quanto tale.

Il Comando di Caccia dell'ANR si trovava a Villa Portalupi presso Valeggio Sul Mincio, mentre la difesa aerea era articolata da Villa Pignatti a Custoza (Verona). Il sistema di difesa aerea basato sull'infrastruttura che i tedeschi avevano installato nel nord Italia consisteva in una rete di allarme rapido di bombardieri alleati dotato di radar e batterie antiaeree. I radar erano i tedeschi Freya e Würzburg, il primo con un raggio d'azione di 130 km e 50 km il secondo (mentre i Freya seguivano gli intrusi, i Würzburg col raggio ravvicinato guidavano il tiro dei difensori), tutti collegati ai comandi dell'artiglieria contraerea e in contatto con le unità aeree. Questi erano disposti in diverse località come Mantova, Bergamo, Padova, Treviso o Genova, tra le altre. Così che il ruolo di ricerca del nemico effettuata fino a quel momento, divenne un più preciso e diretto con maggiore facilità per il pilota che poteva accedere allo scontro aereo con i bombardieri nemici, attraverso l'uso di quadranti in cui lo spazio aereo era diviso. Anche l'uso della radio negli aerei fino a quel momento non molto frequente nei piloti italiani venne finalmente adottato. A titolo di esempio, nel linguaggio chiave utilizzato nelle comunicazioni radio:

- i caccia nemici erano chiamati "rondini"; i bimotore nemici: "falchi"; nel caso dei bombardieri a quattro motori erano "aquile".
- l'altitudine di volo era chiamata "torre".
- Allo stesso modo le unità di caccia hanno acquisito un nome radiofonico come quelli di "Terra" nel 1° Squadriglia; "Fuoco" nel 2°; "Acqua" nel 3°; "Petunia" nel 4°; "Primula" nel 5°; "Pervinca" nel 6°; "Baio" nel 7°, "Morello" nell'8° e "Roano" nel 9°.
- i Gruppi di Caccia avevano le loro denominazioni: IGC "Ugo", IIGC "Marco" e IIIGC "Felice".
- Le parole chiave vennero usate anche per altri aspetti tattici come: posizione nemica o "Denaro seguito dal numero del quadrante"; posizione amica o "Qualità seguito dal numero del quadrante"; aeroporto amico o "Casa seguito dal numero dell'aeroporto"; aeroporto amico attaccato o "Sporco seguito dal numero dell'aeroporto"; atterraggio o "Dormire seguito dal numero dell'aeroporto"; capito o "O.K."; fine della trasmissione o "C.L." (chiusura della linea).

MARZO '45

La lotta era ormai stata vinta dagli Alleati da mesi, ma l'ANR cercava di stare al passo con loro. Il numero delle missioni era in diminuzione, ma anche i bombardieri alleati non potevano volare con calma attraverso il nord Italia.

Il giorno 3, una potente formazione di 22 Bf 109G IIGC intercettò e attaccò una formazione sudafricana B-26 appartenente al 3° Stormo USAF. Secondo gli italiani, 8 bombardieri vennero abbattuti con la perdita di due aerei (uno dei quali pilotato dal sergente Wladimiro Zerini). Solo pochi giorni dopo, il 7, avrebbero subito un'altra vittima, in questo caso il sergente Luigino Margoni.

Anche in questo momento finale della guerra, gli uomini del IIGC svolgeranno una missione vitale per le forze di terra dell'Asse in Italia. Data la necessità di ottenere informazioni sui movimenti alleati sulla linea gotica e il rischio di inviare i tradizionali aerei da ricognizione, lo Stato Maggiore della Luftwaffe (OKL) decise di inviare un'unità di ricognizione con moderni jet Ar 234B nel nord Italia. A metà marzo, 3 Ar 234 del Kommando Sommer furono dispiegati nell'aeroporto di Campoformido, da dove avrebbero effettuato voli operativi fino alla fine della guerra. Ed è qui che gli uomini del IIGC vennero a svolgere il loro ruolo, dato che due Squadriglie del Gruppo vennero assegnate a coprire i momenti in cui i jet tedeschi erano più vulnerabili: decolli e atterraggi. Quei momenti critici venivano puntualmente sfruttati dai caccia e dai cacciabombardieri alleati che si aggiravano sui campi d'aviazione italiani. Questa missione assegnata agli italiani fu l'ultima dimostrazione da parte dei tedeschi della loro piena fiducia nei piloti esperti dell'ANR. Nonostante gli eventi, almeno 13 nuovi Bf 109 entrarono nella disponibilità del IIGC nel corso di questo mese.

Anche in relazione agli aerei a reazione è necessario ricordare che nella Luftwaffe maturò persino l'idea di poter consegnare alcuni dei loro Me 262 agli italiani. Questo alla fine non successe mai, ma furono presi accordi presso gli aeroporti di Ghedi e Villafranca.

Riguardo al IGC, il 14 marzo esso affrontò di nuovo il nemico. Questa volta i P-47 del 350 FG intercettarono la formazione italiana abbattendo 3 Bf 109, costringendone altri 3 ad un atterraggio forzato, perdendo un solo P-47. Questa unica vittoria del IGC fu conseguita dal maggiore Visconti, e sarebbe forse l'ultima da lui ottenuta. Mentre erano di base a Malpensa e Lonate Pozzolo tra il 7 marzo e il 27 aprile (che era virtualmente il tempo di attività del IGC dopo l'"Operazione Phoenix"), la dotazione dei mezzi a disposizione era composto da 31 Bf 109G10, 13 Bf 109G14, 3 Bf 109K4 e 2 Bf 109G6.

Le residue forze operative del IIGC si sarebbero nuovamente impegnate in combattimento il 23 marzo contro i B-25 della US Air Force, con 3 B-25 e una scorta di P-47 abbattuti.

D'altra parte, come detto, gli uomini del IIIGC, dopo aver completato la loro formazione sul suolo tedesco, cominciarono a tornare in Italia (alcuni di loro anche dal mese precedente) ma a causa della cronica mancanza di velivoli, il IIIGC continuò nel suo stato non operativo. Nonostante ciò, forniti dalla Luftwaffe durante l'addestramento, il IIIGC ebbe in dotazione 10 Bf 109G6, 2 Bf 109G10, 2 Bf 109G12, 2 Bf 109G14, 4 Bf 108 e 1 Klemm 35.

Anche se dall'ordinanza del febbraio 1945 era stato stabilito che il IIIGC sarebbe stato costituito dalla 7a, 8a e 9a Squadriglia, al ritorno dalla Germania vennero nominalmente costituiti le sole 7a e 8a Squadriglia, poiché la 9a Squadriglia sarebbe tornata in Italia dalla Germania troppo tardi nell'aprile 1945 quando il IIIGC era già stato sciolto, come commenteremo più avanti. Lo Stato Maggiore del IIIGC sarà dispiegato a Seriate (BG), mentre il 7° e l'8° saranno dislocati a Orio al Serio; in ogni caso ormai sempre circondati da truppe partigiane.

APRILE '45

La fine della guerra era ormai prossima, ma fino all'ultimo venne fatto ogni sforzo per utilizzare gli ultimi mezzi disponibili per affrontare i caccia e i bombardieri alleati o i sempre più attivi partigiani o le milizie jugoslave che agivano contro gli interessi dei territori di confine dell'Italia nord-occidentale. Il 2 aprile, il IIGC ebbe occasione di confrontarsi con i suoi "tradizionali" nemici americani, che questa volta erano 36 B-25 dalla Corsica diretti al Brennero scortato da 16 P-47 del 347° Fighter Squadron. Da Aviano, 18 Bf 109s decollarono alle 13:45 ore per raggiungere 9 Bf 109s da Osoppo. Il capo dell'unità in volo, il maggiore Miani è stato avvertito della presenza di una grande formazione di bombardieri di medie dimensioni con la corrispondente scorta di caccia provenienti da sud; gli è stata data anche la libertà dal controllo radar di attaccare liberamente seguendo solo sue decisioni. Gli aerei alleati erano a conoscenza di una formazione di caccia nemici in volo dalle ore 14.00 in poi. Così finalmente alle 14:20 entrarono in contatto visivo con il nemico (intanto la formazione dei Bf 109 non era più composta di 27 aerei ma di 25 perché due dovettero tornare alle loro basi per problemi meccanici), in quel momento Miani ebbe problemi con il suo aereo, dovendo delegare il comando a Bellagambi. Nel confronto, i P-47 sorpresero i piloti italiani dall'alto, riuscendo ad abbattere ben 14 Bf 109 e, cosa molto più grave, provocando la perdita di 7 piloti caduti e due feriti; in cambio dell'abbattimento di un B-25 e 4 P-47 (anche se secondo fonti americane gli alleati non lamentarono perdite nell'occasione).

Il 12 aprile la 5a venne trasferita dalla base di Osoppo a Verona, seguita dalle altre due squadriglie del IIGC il 19 dello stesso mese. A Verona il IIGC aveva in forze una combinazione di modelli Bf 109, sia G10, G14 e K4. Proprio in questa zona di combattimento Mario Bellagambi, leader del 5° Squadriglia, ottenne l'ultima delle sue vittorie; uno Spitfire abbattuto vicino all'Isola della Scala (Verona) negli ultimi giorni di guerra.

Ancora, in questo mese lamentarono la perdita di un pilota a causa degli effetti del sabotaggio nel materiale di volo come era già successo il 19 al sergente maggiore del IIGC Renato Patton che, dopo aver subito problemi al motore con la conseguente perdita di velocità, divenne facile preda dei P-51. Riuscì a saltare con il paracadute, ma l'equipaggiamento non funzionò a causa di un sabotaggio; Per questo Patton fu l'ultima vittima del IIGC nel conflitto. Tutto avvenne nello scontro tra i piloti del IIGC contro i 16 P-51 dei 325 FG che scortavano i bombardieri medi B-25 del 340° Gruppo Bombardieri, in cui andarono persi complessivamente cinque Bf 109G. Lo stesso giorno 19, il IGC effettuò la sua ultima missione contro due B-24 americani che fornivano truppe partigiane. Dei due aerei, uno venne abbattuto dal tenente Colonna, anche se a costo di subire la perdita di un Bf 109G10AS e del suo pilota, il sottotenente Morandi, anche se non fu mai chiarito se venne abbattuto dai B-24 o dall'artiglieria contraerea svizzera che avrebbe dovuto abbatterlo mentre attraversava il loro spazio aereo. Aurelio Morandi alla fine si rivelò essere l'ultima vittima del IGC, e il B-24 abbattuto, l'ultimo aereo nemico abbattuto dal Gruppo. Il IGC venne finalmente sciolto, ora definitivamente, il 29 aprile presso l'aeroporto di Gallarate.

Oramai troppo tardi, alla fine cominciarono ad arrivare alcuni aerei per equipaggiare il IIIGC, nello specifico un Bf 109 pilotato dal capo unità, il capitano Malvezzi; il 20 aprile arrivarono altri due Bf 109 e il 21 aprile un altro, che una volta consegnati furono attaccati agli aerei del IIGC con i quali sarebbero entrati in azione, ottenendo le uniche due vittorie che furono attribuite al Gruppo. Si tratta di tre Bf 109G10, partiti il 20 aprile da Holzkirchen ad Aviano dopo aver fatto rifornimento a München-Riem, e un altro che il 21 aprile sempre da Holzkirchen raggiunse Aviano (il suo compagno di volo, un biposto Bf 109 G12 si perse precipitando nelle Alpi). Il quarto aereo, sarebbe stato l'unico disponibile con il IIIGC il 22 aprile; un Bf 109G10 all'aeroporto di Bergamo-Orio al Serio. Come abbiamo visto, le ultime missioni di intercettazione effettuate dall'ANR sono datate 19 aprile 1945, anche se l'ultima missione di combattimento dell'ANR si svolse il 25 aprile quando un BF 109G effettuò un volo di ricognizione. Proprio il 25 aprile Mussolini sciolse il governo di Salò e lo stesso giorno il IIIGC si accordò con i rappresentanti del Comitato di Liberazione Nazionale (CLN) per consegnare l'ultimo Bf 109 rimasto loro a disposizione, che finì quindi distrutto nell'aeroporto di Orio al Serio, nei pressi di Bergamo. Il IIIGC fu ufficialmente sciolto il 26 aprile (precisamente il giorno stesso in cui l'ultimo aviatore del IIIGC rimase sul suolo tedesco; nello specifico i 25 uomini del 9° Squadriglia, erano rientrati di nuovo via terra in Italia, terminarono il loro "viaggio" a Molveno nel Trentino), senza essere mai stati strutturalmente costituiti e tanto meno equipaggiati con la formazione di caccia necessaria per essere operativi. In altri casi i mezzi furono restituiti ai tedeschi (come è successo al IIGC, dove i 26 aerei sopravvissuti vennero portati all'aeroporto di Orio al Serio per essere consegnati ai loro alleati tedeschi), in altri ancora gli uomini hanno bruciarono o disattivarono i loro aerei (come accadde il 27 aprile con i 42 aerei ancora in possesso del IGC posti all'aeroporto di Malpensa, eliminati dai piloti e dal loro personale di terra, prima di farli cadere nelle mani sia dei tedeschi che degli alleati), dopo di che tutto io personale si arrese alle forze armate alleate o, nel peggiore dei casi, alle bande di partigiani. Molti di questi ultimi militari della RSI, e quindi anche l'ANR, vennero sottoposti a processi sommari e poi giustiziati, soprattutto dai partigiani comunisti, che si vendicarono in questo modo degli uomini che avevano combattuto contro di loro. Tra questi, segnaliamo il coraggioso e impavido asso e ultimo capo del IGC, il maggiore Visconti. Secondo l'attaché della Luftwaffe al Ministero dell'Aeronautica Repubblicana, colonnello von Ysemburg, presente all'arresto del Visconti, il maggiore e il suo attendente Stefanini, furono colpiti alle spalle da raffiche di mitra esplose da un russo. Visconti fu finito con due colpi di pistola alla nuca. Ai restanti prigionieri venne successivamente comunicata la notizia dell'avvenuta esecuzione. Gli stessi vennero salvati da ulteriori assassinii all'ultimo momento, solo dall'arrivo di truppe inglesi, di ufficiali del Regio Esercito e dei Carabinieri che riuscirono a farli spostare dalla Montebello.

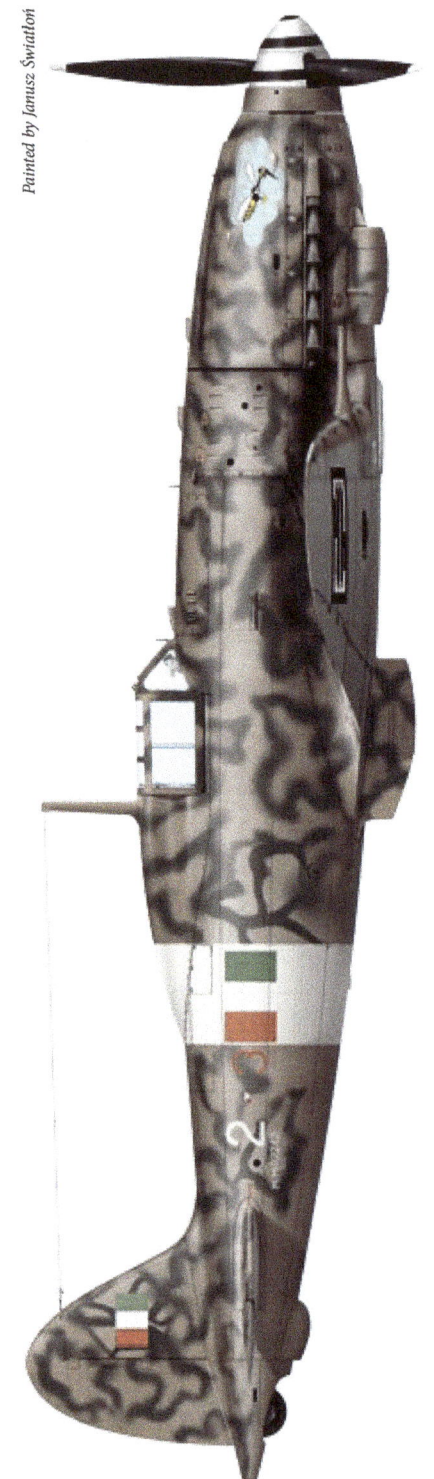

Macchi C.205 (MM.92242) della 2a squadriglia, 1° Gruppo Caccia ANR. Campoformido (PN) Febbraio 1944. Questo caccia aveva già volato per la Regia Aeronautica e per la Luftwaffe. notare il badge della "Vespa incacchiata" posta sul motore dell'aereo.

RUOLINO DI GUERRA DEI CACCIA DELLA A.N.R.

I caccia dell'ANR furono utilizzati abbondantemente nei cieli del nord Italia a causa dell'enorme numero di bombardieri e caccia nemici che li sorvolavano, raggiungendo oltre 4.000 ore di volo. Questo fatto, a differenza di ciò che accadde all'aviazione dell'Italia co-belligerante, utilizzata principalmente per i bombardamenti e le missioni di supporto a terra, permise a molti dei piloti dell'ANR di raggiungere lo status di asso. Vale la pena ricordare che è davvero complicato conoscere il conteggio totale degli aerei abbattuti a causa della difficoltà di verificarli nella foga del combattimento, oltre al fatto che c'è una sostanziale differenza tra gli abbattimenti indicati dagli aerei dell'Asse e quelli accettati come veri dagli Alleati e viceversa.

In compenso, per avere un buon numero di assi nelle loro forze aeree, con l'ANR dobbiamo considerare che da un lato di certo non mancarono mai i bersagli da abbattere (soprattutto i pesanti bombardieri B-17 e B-24, i mezzi A-20 o B-26, tutti molto difficili da abbattere e ancora di più per la stretta protezione ricevuta dalle loro potenti scorte di caccia Spitfire, P-47 e P-38), dato che gli Alleati avevano la principale porta d'accesso al Reich proprio dal territorio italiano. Ma il lato negativo è che lo stesso dato ha fatto sì che i loro aeroporti venissero sottoposti giorno dopo giorno a bombardamenti massicci e ad opportunistici attacchi di mitragliamento. Un altro fattore che limitò il numero delle vittorie è stata la non continuità nel servizio degli aerei dell'ANR, poiché tra l'intervento molto negativo operato dei tedeschi (Operazione Phoenix), l'usura subita dal loro parco aereo (la carenza di pezzi di ricambio), gli spostamenti di gruppi completi verso la Germania per la loro conversione ai modelli moderni del Bf 109 o la carenza di carburante, ci furono ben pochi momenti in cui l'ANR riuscì a servire al massimo delle sue potenzialità.

Un ultimo dettaglio da tenere in considerazione è il numero di piloti che hanno disertato fra il settembre del 43 e la fine della guerra. Si potrebbe pensare che le grandi difficoltà a cui furono sottoposti gli uomini dell'ANR avrebbero potuto portare a un alto numero di diserzioni, ma in verità accadde il contrario. Solo tre piloti alla fine disertarono dall'ANR, con un MC.205 del "Montefusco" pilotato dal capitano Trevisini il 4 agosto 1944, fuggito in Svizzera; un G.55 pilotato da Maresciallo Agostini (pilota della FIAT) con un passeggero paracadutista che collaborava con i partigiani chiamato Gentile il 4 agosto 1944 che sbarcò in Corsica; e infine un IGC MC.205 pilotato dal sottotenente Graziani nel maggio 1944 che sbarcò sempre in Corsica. I pochi disertori dell'ANR non sono che il riflesso delle potenti motivazioni e della forte convinzione che i piloti italiani avevano di difendere la loro patria dai bombardamenti alleati.

L'integrità, la fedeltà e il coraggio dei piloti dell'ANR si dimostrano anche nel loro modo di volare e di attaccare il nemico. In riferimento a questo, un'opinione sui piloti italiani e sui loro velivoli è stata quella del famoso pilota di caccia britannico Duncan Smith, che lasciò scritto di loro:

"In generale, il livello dei piloti italiani era molto alto, e quando incontravamo i loro caccia Macchi, rivolti contro di noi, e nei combattimenti aerei contro i nostri Spitfire fecero sempre molto bene".

L'organico in servizio presso l'ANR contava circa 35.000 uomini, di cui 6-8.000 erano unità di volo (piloti, specialisti di volo, specialisti del servizio tecnico e delle telecomunicazioni), e di questi, diversi piloti raggiunsero lo status di asso. C'era poi anche personale incaricato della manutenzione delle infrastrutture come i depositi aeroportuali, le polveriera, le caserme o il servizio di guardia, che insieme sommavano 10.400 uomini. Il personale dell'artiglieria contraerea era di circa 10.000 unità divise in due reggimenti con 6 gruppi organizzati e due gruppi autonomi. Infine 2.400 paracadutisti con un reggimento composto da 3 battaglioni e due reparti autonomi.

La struttura dell'ANR era completata da circa 300 volontari del servizio ausiliario che operarono in diverse unità, sia di comando che di volo, dipartimenti di volo, scuole di volo, paracadutisti, servizi, ecc. Di seguito, elenchiamo i piloti di caccia più eccezionali dell'ANR con il loro grado, l'unità a cui appartenevano all'interno dell'ANR (in precedenza nella maggior parte dei casi appartenevano alla Regia Aeronautica) e il numero di abbattimenti (gli abbattimenti con la RA non sono registrati in questa lista):

Grado	Nome e Gruppo	Vittorie accreditate
Cap. (allora maggiore)	Mario Bellagambi IIGC	12 (11 secondo Mattioli)
Cap.	Ugo Drago IIGC	11
Cap. (allora maggiore)	Adriano Visconti GCR	7
Sergente Maggiore (S.M.).	Attilio Sanson IIGC	7
Sottotenente.	Giovanni Sajeva GCR	5
S.Ten.	Carlo Cucchi IGC	5
S.M.	Loris Baldi IIGC	5
Pilota	Giuseppe Robetto IGC	4
Cap.	Carlo Miani IIGC	4
Qui.	Nicola Manzitti IIGC	4
Maresciallo	Luigi Gorrini IGC	4
S.M.	Rolando Ancillotti IGC	4

Altri 132 piloti ottennero nell'insieme oltre 190.

La distribuzione più riconosciuta delle vittorie delle ANR al 10 aprile 1945 è la seguente:

- IGC: 113 vittorie: P-38 (29), P-47 (26), P-51 (1), B-17 (8), B-24 (34), Boston (7), Marauder (6) e Spitfire (2).
- IIGC: 114 vittorie: P-38 (3), P-47 (23), P-51 (6), B-17 (5), B-24 (8), B-25 (9), B-26 (3), Mitchell (6), Boston (22), Marauder (18) e Spitfire (11).
- IIIGC: 2 vittorie: Boston (1) e Spitfire (1).
- Montefusco-Bonet: 7 vittorie: P-38 (2), B-17 (5).
- Altri: 3 vittorie: P-38 (1), P-51 (2).

Il numero totale di vittorie considerate più accurate e accettate è di 239, con un numero probabile ma non confermato di altri 93 velivoli (45 da parte dell'IGC e 48 da parte del IIGC). D'altra parte, 154 aerei andarono perduti in combattimento, e altri 290 furono distrutti a terra o per incidente, mentre il IGC perse 49 piloti e il IIGC 42. Il numero totale dei membri dell'equipaggio uccisi in combattimento, compresi i piloti, gli specialisti di bordo e i cadetti di tutti i reparti aerei dell'ANR (caccia, bombardieri, trasporti, ecc.) raggiunse almeno quota 359.

Si stima che probabilmente altri 156 aerei alleati siano stati abbattuti dalla Flak (artiglieria antiaerea) della Luftwaffe formata o coadiuvata da personale italiano. Infine la distruzione a terra a seguito di attacchi agli aeroporti alleati vanta la eliminazione di altri 18 aerei.

Il totale delle ore di volo degli aeromobili dell'ANR raggiunse le 24.944 ore, suddivise in 10.158 voli di addestramento e 14.786 voli di combattimento. Per quanto riguarda il numero totale di aerei da combattimento utilizzati dall'ANR, la cifra sarebbe di circa 300 fra Bf 109G6, Bf 109G10, Bf 109G10AS, Bf 109G14 e Bf 109K; circa 160 G.55 "Centauro" e circa 100 MC.205 "Veltro"; e qualche altro modello in piccoli numeri. La distribuzione dei modelli avvenuta secondo ciascuna delle Unità è la seguente:

- IGC: MC.205V e Bf 109G
- IIGC: G.55 e Bf 109G.
- IIIGC: MC.202, MC.205V, G.55 e Bf 109G.
- Montefusco-Bonet: MC.202, MC.205 e G.55.
- Gruppo autonomo di caccia notturna: CR.42CN, Bf 109G e Re 2001CN.
- 170a Squadriglia di caccia notturna: MC200, Re 2001CN, CR.42CN.

Come è stato riferito, i *cavalli da battaglia* iniziali furono il MC.205 e il G.55, ma via via furono sostituiti dal Bf 109 a partire dal 2 giugno 1944 giorno in cui i tedeschi consegnarono in particolare circa 183 Bf 109G e 15 Bf 109K4.

I CACCIA DELL'A.N.R.

Nel corso della sua breve ma intensa esistenza, l'ANR ha avuto, come abbiamo letto, fondamentalmente tre modelli di aerei: l'italiano MC.205V e G.55, e il tedesco Bf 109; nei primi momenti furono utilizzati solo gli aerei italiani, che vennero gradualmente sostituiti da quelli tedeschi.

Un fatto che deve essere evidenziato all'interno delle unità da combattimento dell'ANR è che, a differenza di quanto accaduto con la Regia Aeronautica, solo gli aerei che erano almeno alla pari con i loro rivali alleati in termini di prestazioni furono utilizzati in servizio di combattimento. Questo ha portato i combattenti della serie 5 ad essere chiamati a prendere il testimone dai MC.202 nelle unità dell'ANR. Questa serie era composta da tre tipi di velivoli che coincidevano tutti per il fatto di essere dotati con il motore tedesco DB605A prodotto su licenza in Italia come accadde con il Typhoon FIAT RA 1050RC58: il MC.205V, il FIAT G.55 e il Reggiane RE 2005. Dei tre, l'MC.205V impiegò poco tempo per svilupparsi, poiché si trattava solo di un ammodernamento del motore dell'MC.202. Gli altri due ci hanno messo un po' più di tempo, ma l'attesa fu ben ripagata in quanto questi nuovi motori furono in grado di produrre due formidabili aerei in grado di eguagliare qualsiasi nemico che poteva capitargli. Così dopo l'armistizio, quando l'ANR iniziò a ricevere i suoi aerei (in linea di massima quelli restituiti dai tedeschi dopo la requisizione e in seguito quelli provenienti direttamente dalle fabbriche di velivoli situate nel nord Italia) questi dovevano essere i modelli da far volare, ma anche se questo era possibile nel MC.205V e nel G.55 (il primo in linea di produzione e il secondo facilmente producibile senza ritardi), non fu invece possibile implementarlo con il Re 2005 a causa dell'impossibilità di realizzare la sua produzione e della preferenza di produrre i primi due modelli (solo 5 o 6 Re 2005 finiranno nella disponibilità dell'ANR, anche se utilizzati come addestratori e non in missioni di combattimento).

Confrontando i tre velivoli, l'MC.205 evidenziò prestazioni accettabili a basse e medie altitudini, con prestazioni scarse ad altitudini superiori ai 7.000 metri (dove le formazioni nemiche di bombardieri si muovevano normalmente) e con lo svantaggio che tendeva a chiudere troppo in curva e poteva anche andare in testacoda. Da parte sua, il Re 2005 è stato un magnifico velivolo con eccellenti prestazioni ad alta quota e il più veloce, ma appesantito dalla debolezza strutturale del suo design. Infine, il G.55 è stato di gran lunga il migliore dei tre, in quanto ha avuto una buona performance a diverse altitudini, ma soprattutto a più di 7.000 metri, un ottimo rateo di salita e soprattutto una grande stabilità, manovrabilità e robustezza (anche grazie alla sua ampia superficie alare), che lo ha reso il velivolo preferito dai piloti dell'ANR rispetto al più moderno Bf 109 tedesco.

Anche i tedeschi maturarono la loro opinione su questi aerei, considerando il Re 2005 buono (alcuni di loro servirono con la livrea della Luftwaffe a Berlino e forse in Romania) e abbastanza mediocre invece l'MC.205. Con il G.55 il loro giudizio fu chiaramente positivo e lo qualificarono come un velivolo eccellente in tutte le sue prestazioni, anche se appesantito dall'elevato costo in ore di produzione per poterlo realizzare rispetto al tempo impiegato per produrre un Bf 109 (la produzione di un G.55 richiedeva 15.000 ore, che si stimava poterla ridurre a 9.000, mentre un Bf 109 richiedeva solo 5.000 ore). Inoltre, i tedeschi erano generalmente insoddisfatti dell'inaffidabilità delle radio di questi aerei italiani e del lungo tempo necessario per fare rifornimento e ricaricare le armi. Nonostante tutto questo, un inviato della Luftwaffe in Italia per studiare gli aerei italiani, il tenente colonnello Petersen, concluse che il G.55 era così buono tanto da definirlo "il miglior caccia dell'Asse". Il suo rapporto sul velivolo portò all'intenzione della Germania di produrre il G.55 per la Luftwaffe, e alla FIAT fu chiesto di produrre tre velivoli da equipaggiare con un motore DB603 tedesco e cinque cannoni da 20 mm. Il conflitto mondiale fece poi passare in secondo piano l'interesse tedesco per il Centauro, lasciando il possibile G.55 tedesco nel nulla.

Le prestazioni di combattimento dei velivoli prodotti in Italia con motore tedesco furono tutte molto positive, anche se il costante martellamento degli Alleati delle aree di produzione degli stessi, portò ad una situazione in cui non solo era difficile rimuovere nuove unità dalle fabbriche, ma venivano a

Painted by Janusz Światłoń

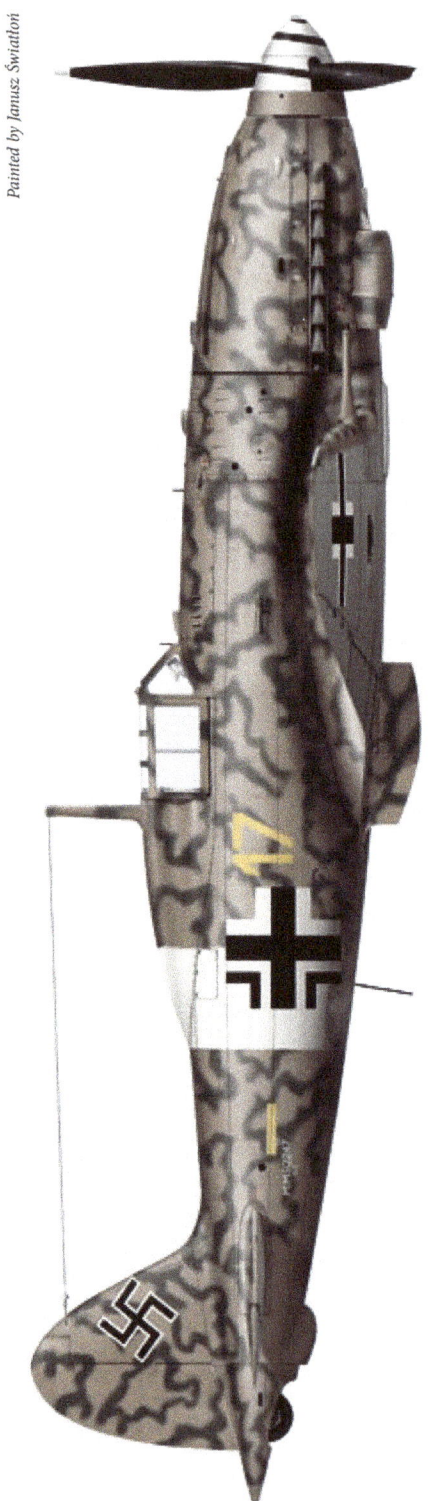

Macchi C.205 (MM. 92247) marcato con la cifra "17" gialla appartenente al 6° JG 77. Gennaio 1944.
Questo caccia della serie 5, era già opetativo anche fra i tedeschi dall'Ottobre 1943, più tardi verrà assegnato al IGC dal 31 dicembre del 1943.

mancare di pezzi di ricambio per consentire a quelle già utilizzate nelle unità da combattimento di continuare a volare. Questo fu l'innesco principale per il graduale declino delle Squadriglie Caccia con aerei italiani, fino a quando cominciarono a comparire le Squadriglie che volavano con il Bf 109G. All'inizio molti dei piloti non erano contenti di passare dal potente e duro G.55 al Bf 109G, ma non poterono fare nulla perché la necessità di tenere in volo i Fighter Group richiedeva una fornitura sicura di nuovi velivoli e di pezzi di ricambio che l'industria italiana di allora non poteva nemmeno sognarsi di ottenere.

Una volta che l'MC.205V e il G.55 furono posti in compagnia del Bf 109G (con cui avrebbe convissuto per un certo periodo), l'ANR continuò a operare con i migliori velivoli con cui l'Asse potesse affrontare gli Alleati, poiché i tedeschi fornivano agli italiani i modelli più avanzati del Bf 109. Così, il G6, il G10, il G14 e il K4 definitivo, con alcune delle loro varianti, fornirono i Fighting Groups.

Nella tabella che segue, facciamo un confronto delle caratteristiche principali di questi monomotore, anche se ricordiamo la moltitudine di varianti esistenti nelle caratteristiche di ogni velivolo a seconda dell'equipaggiamento:

Nome	MC.205V	FIAT G.55	BF 109G6	BF 109G10	BF 109G14/AS	BF 109K4
Motore	FIAT RA1050RC58 1475 CV	FIAT RA 1050RC58 1475 CV	DB605AM 1800 CV	DB605D MW-50 INY 1800 CV	DB605ASM 1800 CV	DB605DCM MW-50 INY 2000CV
Vel. Max Km/h	642	620	621	690	660	727
Resistenza (Km)	950	1200	998	700	700	573
Armamento	2 cannoni 20 mm 2 AMET 12.7 mm	3 cannoni 20 mm 2 AMET 12.7 mm	1 cannone 20 mm 2 AMET 13 mm	1 cannone 30 mm 2 AMET 13 mm	1 cannone 20 mm 2 AMET 13 mm	1 cannone 30 mm 2 AMET 13 mm
Peso a vuoto Kg	2581	2630	2673	2328	2284	2763
Peso carico Kg	3408	3718	3400	3400	3150	3361

▲ Fiat G. 55 "Centauro" attualmente conservato nel Museo Storico dell'Aeronautica Militare di Vigna di Valle con la colorazione appartenente allo Squadriglia complementare d'allarme del gruppo "Montefusco". Per gentile concessione di Asisbiz

Painted by Arkadiusz Wrobel

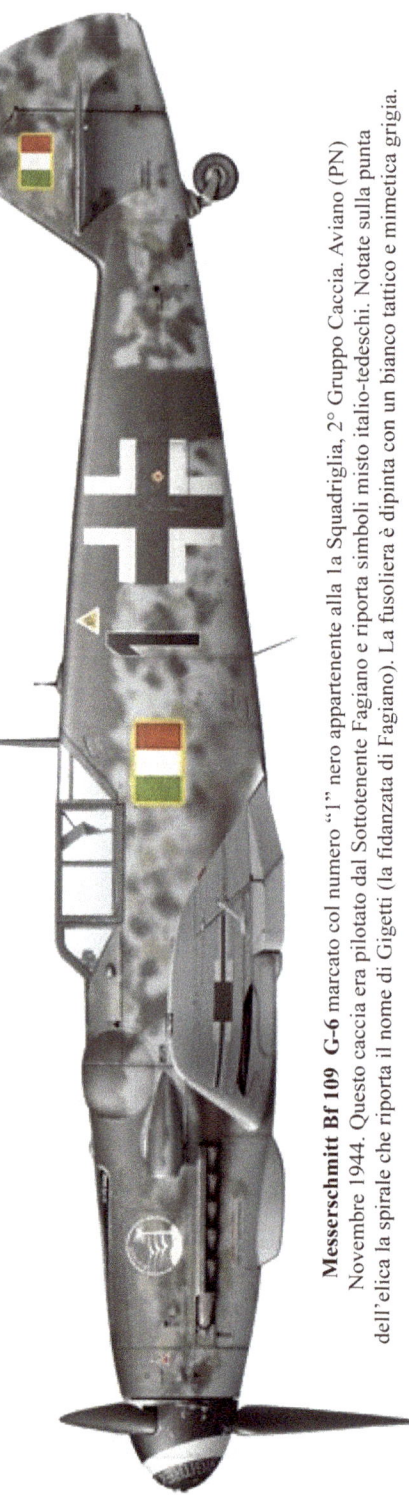

Messerschmitt Bf 109 G-6/R3 marcato col numero "5" bianco appartenente alla 3a Squadriglia, 2° Gruppo Caccia. Villafranca (VR) Luglio 1944. Questo caccia riporta simboli italiani su tutta la fusoliera, sulle ali simboli bianco e nero di fasci littori stilizzati. Sul motore una rara immagine dello stemma "Gamba di Ferro".

Messerschmitt Bf 109 G-6 marcato col numero "1" nero appartenente alla 1a Squadriglia, 2° Gruppo Caccia. Aviano (PN) Novembre 1944. Questo caccia era pilotato dal Sottotenente Fagiano e riporta simboli misto italo-tedeschi. Notate sulla punta dell'elica la spirale che riporta il nome di Gigetti (la fidanzata di Fagiano). La fusoliera è dipinta con un bianco tattico e mimetica grigia.

I NEMICI

Anche se nei cieli d'Italia l'ANR ha dovuto affrontare molti gruppi, squadroni e formazioni di caccia, cacciabombardieri e bombardieri di svariati paesi, il principale rivale che ha incontrato fu l'Aeronautica Militare Alleata del Mediterraneo (MAAF).
L'Aeronautica Militare Alleata del Mediterraneo era la principale forza aerea a disposizione degli Alleati nel Teatro delle Operazioni del Mediterraneo, sotto il comando del maresciallo capo dell'aviazione Sir Arthur Tedder. A metà gennaio 1944, Sir Arthur Tedder fu scelto da Eisenhower per pianificare le operazioni da effettuare per lo sbarco in Normandia.
Il MAAF era composto dalla 15a Aeronautica Militare e dal 205a Gruppo RAF. Il primo comprendeva i vari gruppi di caccia e di bombardamento americani, mentre il secondo comprendeva le ali britanniche e sudafricane.
La 15a FA fu istituita il 1° novembre 1943 a Tunisi come parte della FA degli Stati Uniti nel teatro delle operazioni del Mediterraneo, con la funzione di FA strategica che opera dal sud dell'Europa. L'unità di nuova creazione venne comandata dal generale Jimmy Doolittle e il 2 novembre inizò presto ad operare dalla zona di Foggia in Italia.
La 15a FA ottenne i suoi velivoli da diverse fonti come il 9° Bombing Command, il 9° FA Strategic Bombing Command (all'epoca in fase di ridispiegamento nel Regno Unito), il 12° FA e varie altre unità più piccole che originariamente dovevano essere stazionate nell'8° FA. Il primo organico della 15a FA si basava sui bombardieri pesanti B-17 e B-24, di cui 210 e 90 erano rispettivamente già disponibili al momento della loro creazione. Da dicembre arrivarono nuovi aerei per equipaggiare l'unità, principalmente B-24 dagli Stati Uniti. Infine, la configurazione dell'Unità era quella di diversi gruppi di bombardamento e di una moltitudine di squadroni di caccia che avrebbero sostenuto i primi.
Durante la guerra nella RSI si verificarono entrambi i tipi di bombardamenti degli Alleati, sia strategici che tattici: tattici come nel caso di obiettivi puramente militari come campi d'aviazione, truppe, posti di comando o depositi di munizioni; mentre quello strategico flagellava il tessuto industriale, le ferrovie, le strade e le città, indipendentemente dal loro possibile valore militare. Anche se, come possiamo vedere, la differenza tra i due tipi rimase sempre molto vaga.
Il bombardamento sistematico delle infrastrutture dei paesi controllati dall'Asse venne effettuato in Europa fondamentalmente sia dal Comando Bombardieri della RAF, sia dall'8a FA che dalla 15a FA. E nel caso della 15a FA consisteva, oltre che in campagne volte ad annientare le forze aeree nemiche (sia a terra che in aria) e i loro rifornimenti di carburante, anche nell'attaccare le linee di comunicazione nemiche, i mezzi di trasporto o nel cancellare il funzionamento dei siti industriali nel raggio d'azione dei loro aerei. Quest'ultimo fatto è importante da sottolineare, in quanto, man mano che gli Alleati avanzano attraverso le terre italiane, gli aeroporti consentirono di accedere sempre più facilmente a nuovi obiettivi nel sud della Francia, nei Balcani, in Polonia, in Cecoslovacchia e naturalmente nelle terre del Reich tedesco.
Dopo la fine della guerra mondiale e in linea con la riduzione delle forze militari dopo di essa, come per molte altre unità degli Stati Uniti, anche la 15a FA viene spostata il 15 settembre 1945 dall'Italia.
Un altro dei rivali in aria incontrati dai piloti dell'ANR su scala ridotta erano i francesi, in particolare sia i caccia del GC II/5 "Lafayette" che i bombardieri del GB I/19 "Gascogne".
Il "Lafayette" si era già visto nella campagna italiana del 345° Stormo dell'Aeronautica Militare Costiere Alleate nel Mediterraneo (MACAF). Già nel dicembre 1943 iniziarono ad operare dalla Corsica (aeroporto di Ajaccio-Campo dell'Oro). Già nell'ambito del 332° Stormo, agendo in missioni di pattugliamento sulla zona aerea della Corsica e come scorta alle formazioni di bombardieri alleati, oltre che in attacchi terrestri sulla penisola italiana. Fu durante queste ultime missioni che ebbero l'opportunità di impegnare i combattenti dell'ANR.
Anche il Gruppo Bombardieri GB I/19 "Gascogne", che dal febbraio 1944 utilizzava i bombardieri B-26 di medie dimensioni, ebbe un ruolo nella campagna italiana. Durante questo periodo, parteciparono a

numerose missioni di bombardamento nel sud della Francia (in preparazione dell'operazione "Dragon" che consisteva nello sbarco degli Alleati nel sud-est della Francia, operazione che si svolse il 15 agosto 1944), e successivamente presero parte nella campagna aerea contro la Germania.

Gli Alleati utilizzavano preferibilmente aerei e macchine americane sia nei caccia che nei bombardieri; gli aerei di progettazione britannica erano presenti in misura minore nelle unità britanniche. Tra i caccia c'erano forse alcuni dei migliori aerei in volo del conflitto mondiale, come il P-47 e il P-51, coadiuvati dai più moderni modelli Spitfire e dai vecchi P-38. Nel caso dei bombardieri, i potentissimi B-17 e B-24 "pesanti" sostenuti dai bombardieri B-26 di medie dimensioni, Boston, ecc. Il fronte mediterraneo non era, almeno per quanto riguarda la qualità dei materiali, un fronte secondario per gli Alleati; in gran parte grazie all'immensa produzione bellica a loro disposizione.

Di seguito possiamo rivedere le principali caratteristiche degli aerei alleati operativi nei cieli d'Italia nelle seguenti tabelle, la prima dedicata ai caccia e la seconda ai bombardieri:

Nome	P-51D	P-47D	P-38F	Spitfire Mk IX
Motore	Packard V-1650-7 1612 CV	Pratt & Whtney R-2800-63 Double Wasp 2000 CV	2 Allison V-1710-49 1385 CV	Rolls Royce Merlin 61 1565 CV
Vel. Max Km/h	703 Km/h	689 Km/h	636 Km/h	657 Km/h
Resistenza (Km)	1529 Km	764 Km	684 Km	1577 Km
Armamento	6 Mitragliatrici 907 Kg di bombe	6-8 Mitragliatrici 1133 Kg di bombe	1 Cannone 20 MM 4 Mitragliatrici 907 Kg di bombe	2 Cannoni 20 mm 4 Mitragliatrici
Peso Kg	5262 Kg	8800 Kg	9065 Kg	4309 Kg
Tipo di aereo	Caccia	Bombardiere	Caccia	Caccia

Nome	B-24D	B-17G	B-26B
Motore	4 Pratt & Whtney R-1830-43 Twin Wasp 1200CV	4 Wright R-1820-97 Cyclone 1200CV	2 Pratt & Whtney R-2800-43 Double Wasp 2000CV
Vel. Max Km/h	488 Km/h	462 Km/h	454 Km/h
Resistenza(Km)	4585 Km	5200 Km	1851 Km
Armamento	10 Mitragliatrici 4000 Kg di bombe	13 Mitragliatrici 7985 Kg di bombe	12 Mitragliatrici 2359 Kg di bombe
Peso Kg	27216 Kg	29710 Kg	16783 Kg
Tipo di aereo	Bombardiere pesante	Bombardiere pesante	Bombardiere medio

▲ Un P-47 "Thunderbolt" americano. Questo caccia era il pericolo numero 1 per i mezzi della ANR. Per gentile concessione della pagina Web "Aerei nella Regia Aeronautica"

Messerschmitt Bf 109 G-6/R3 marcato con le cifre "<1" nere appartenente al nucleo comando del 2° Gruppo Caccia. Cascina Vaga, Giugno 1944. Questo caccia pilotato dal Capitano Mancini aveva un cannoncino da 20mm per lato cosa non usuale nei caccia ANR, così alla fine essi vennero rimossi dal BF 109s.

Messerschmitt Bf 109 G-6 marcato col numero "12" nero appartenente alla 1a Squadriglia, 2° Gruppo Caccia. Aviano (PN) Novembre 1944. Questo caccia era pilotato dal Sergente Caragliano e riporta simboli misto italo-tedeschi. Lo spinner ha un particolare design a spirale bianco-nero oltre a riportare il nome della fidanzata del pilota (Linin).

▲ Re 2005 "Sagittario" con insegnew ANR , probabilmente a Reggio Emilia. Per gentile concessione di Asisbiz

▶ Dettaglio della coda di un Re 2005 con insegna ANR. Per gentile concessione di Asisbiz

▼ Dettaglio del motore di un "Sagittario" Re 2005 Per gentile concessione di Asisbiz

▲ Uno dei pochi "Sagittario" del Reggiane Re 2005 recante insegne ANR, Reggio Emilia. Vennero usati, nonostante il loro valore, solo come aerei da addestramento. Per gentile concessione di Asisbiz

▶ Messerschmitt Bf 109G10 in dotazione alla 1a squadriglia del 2° gruppo Caccia pilotato da Ugo Drago. 1945. Per gentile concessione di Asisbiz

▼ Diversi piloti appartenenti alla 2a squadriglia (in seguito chiamato 5a) del 2° gruppo caccia noto come "Diavoli Rossi" posano per una foto 1944. Per gentile concessione della Pagina Facebook "A Difesa dei cieli d'Italia. Aeronautica Nazionale Repubblicana RSI".

▲ Messerschmitt Bf 109G10 pilotato da Visconti dove è chiaramente possibile vedere il distintivo "Ace of Clubs" che prima dell'operazione "Phoenix" era il proprietario del 1° squadriglia del 1° gruppo caccia, per diventare successivamente il simbolo dell'intero 1° Gruppo. Per gentile concessione di Asisbiz.

▼ Un caccia tedesco Messerschmitt Bf. 109G in dotazione all'ANR, tra i gelsi dei campi intorno all'aeroporto di Orio a Zanica (BG) Foto Luca Cristini.

▲ Due immagini dell'aeroporto di Campoformido dopo l'attacco compiuto dagli aerei americani. Per gentile concessione del web 4° Stormo

▼ Foto di ciò che rimane di un Box artificiale a tronco di piramide a Zanica (BG), delle decine erette nella campagna attorno all'aeroporto di Orio al Serio per nascondere alla vista gli aerei dalle incursioni dell'aviazione nemica. Foto Luca Cristini

▲ Messerschmitt Bf 109G10 del maggiore Visconti viene trasferito dal personale di terra. Per gentile concessione di Asisbiz

► Immagine di un radar Freya sulla destra e un tipo Würzburg-Riese sulla sinistra. Entrambi i tipi furono usati nella sorveglianza aerea dell'ISR, sebbene solo dalla Luftwaffe e non per gli italiani.

▼ Messerschmitt Bf 109G6 appartenente alla 2a Squadriglia del 2° Gruppo di caccia nascosto dalla vegetazione a Lonate Pozzolo nel gennaio 1945. Dopo i grandi bombardamenti degli Alleati agli aeroporti dell'ANR, per quanto possibile gli aerei italiani furono decentralizzati. Per gentile concessione della Pagina Facebook "A Difesa dei cieli d'Italia. Aeronautica Nazionale Repubblicana RSI"

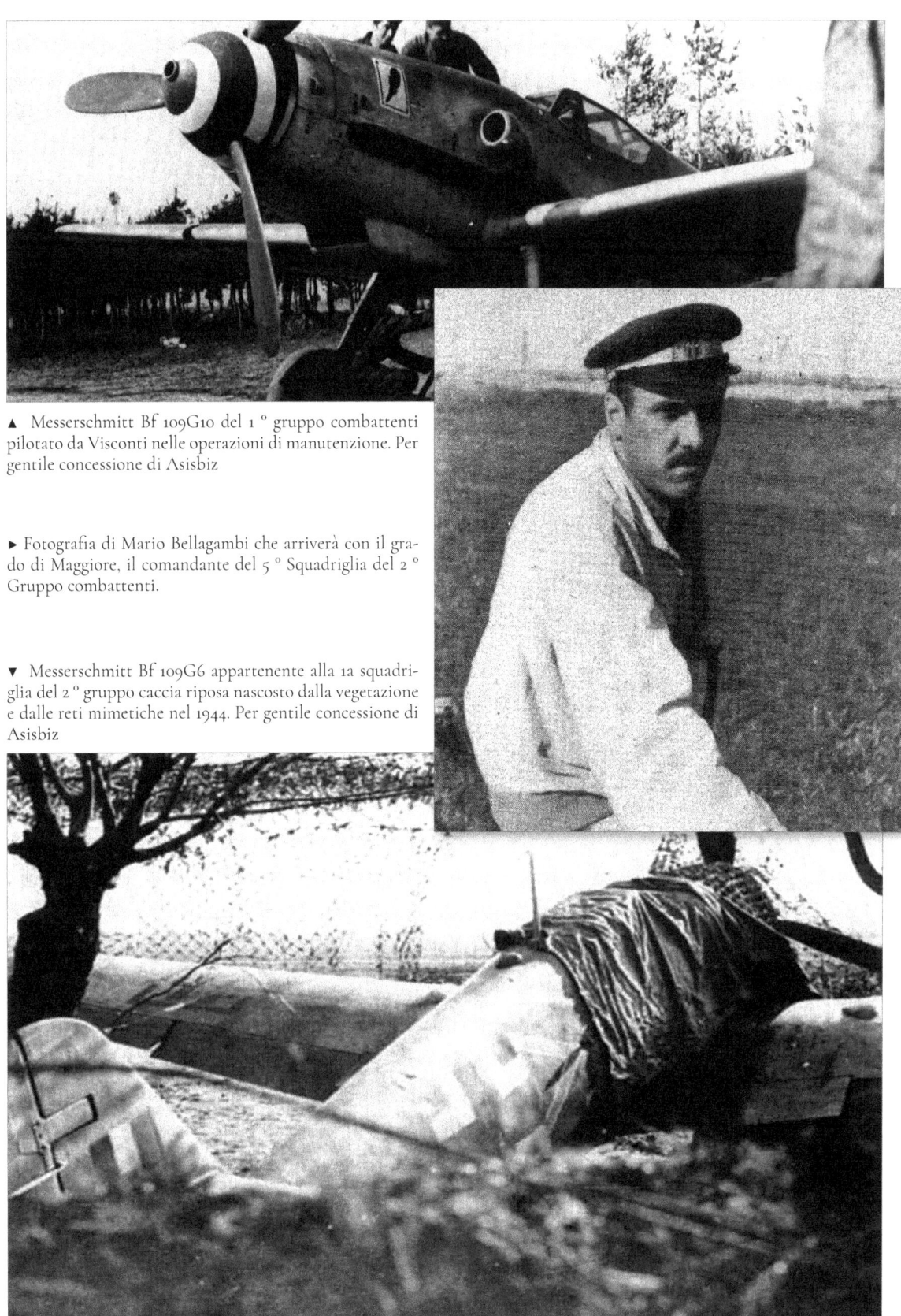

▲ Messerschmitt Bf 109G10 del 1° gruppo combattenti pilotato da Visconti nelle operazioni di manutenzione. Per gentile concessione di Asisbiz

► Fotografia di Mario Bellagambi che arriverà con il grado di Maggiore, il comandante del 5° Squadriglia del 2° Gruppo combattenti.

▼ Messerschmitt Bf 109G6 appartenente alla 1a squadriglia del 2° gruppo caccia riposa nascosto dalla vegetazione e dalle reti mimetiche nel 1944. Per gentile concessione di Asisbiz

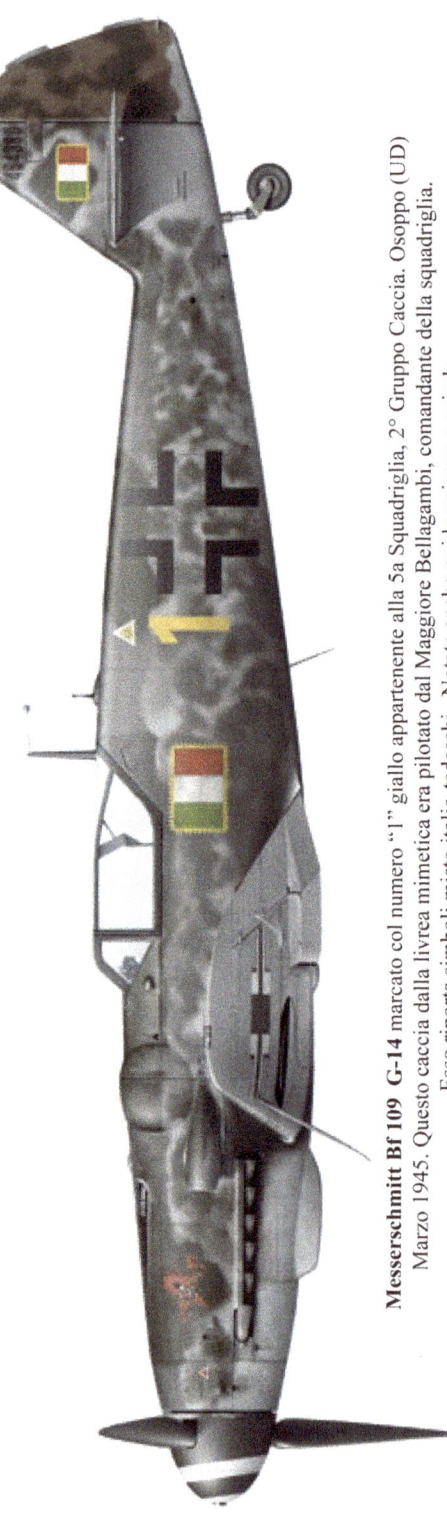

Messerschmitt Bf 109 G-14 marcato col numero "1" giallo appartenente alla 5a Squadriglia, 2° Gruppo Caccia. Osoppo (UD) Marzo 1945. Questo caccia dalla livrea mimetica era pilotato dal Maggiore Bellagambi, comandante della squadriglia. Esso riporta simboli misto italo-tedeschi. Notate anche qui lo spinner a spirale

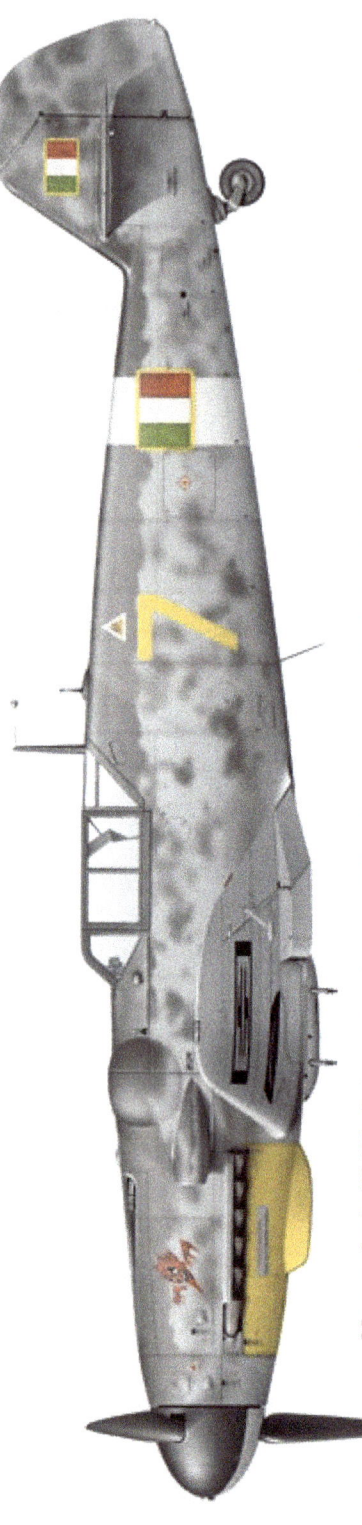

Messerschmitt Bf 109 G-6 marcato col numero "7" giallo appartenente alla 2a Squadriglia, 2° Gruppo Caccia. Cascina Vaga Giugno 1944. Questo caccia riporta sulla fusoliera il mitico simbolo del diavolo rosso e sottobanda della fusoliera gialla. Mentre la parte inferiore delle ali è dipinta in bianco con insegne nere.

GRUPPO AEROSILURANTI "BUSCAGLIA/FAGGIONI"

In seguito alla creazione dell'ANR, divenne chiaro che il pilastro principale su cui costruire sarebbero state le formazioni di caccia, come si è detto. Ma il secondo caposaldo della nuova aeronautica militare sarebbe stato anche un altro: gli aerosiluranti, e lo sarebbe stato per diversi motivi. La principale era quella di dare continuità alle torpediniere che già ai tempi della Regia Aeronautica avevano avuto un ruolo di primo piano; allo stesso tempo si manteneva la premessa di non attaccare il territorio italiano poiché le missioni si sarebbero svolte tutte in alto mare.

SETTEMBRE '43
Pochi giorni dopo l'armistizio, l'organizzazione del reparto aerosilurante (anche detto torpedo) iniziò quando al maggiore Arduino Buri (noto pilota di aerosiluranti) fu ordinato di avviare il processo di riorganizzazione. La nuova unità sarebbe stata denominata Gruppo "Buscaglia" (in onore di Carlo Emmanuele Buscaglia, il più famoso pilota di aerosiluranti della RA, che fu anche protagonista, perché creduto morto per molto tempo, del combattimento nel novembre 1942 in acque algerine nella baia di Bougie come risposta italiana all'operazione "Torch"). Il comando di combattimento dell'Unità sarebbe stato detenuto da un altro asso degli aerosiluranti, il capitano Faggioni, all'epoca l'asso attivo di maggior successo del ramo. All'inizio avevano un solo SM.79, ma Faggioni nelle sue prime "mosse" riuscì a riunire a Firenze circa 10 trimotore SM.79 coi loro equipaggi.

OTTOBRE '43
Il lavoro degli uomini del neonato Gruppo fu arduo perché dagli aerei restituiti dai tedeschi (alcuni dalla Germania e altri anche da una scuola di siluri in Danimarca a Falster) e dal lavoro delle officine, riuscirono ad avere una piccola flotta di aerei SM.79 Una volta pronti, furono tutti trasferiti all'aeroporto di Venegono (tra il 26 ottobre e le prime settimane di dicembre), dove vennero affiancati da altri 12 velivoli SM.79 migliorati recentemente costruiti dalla SIAI. Allo stesso modo, i primi aerei "reclutati" furono portati allo stesso livello di miglioramento di quelli che lasciarono la fabbrica. L'SM.79 aggiornato era la versione "bis" o III dell'SM.79. Questo velivolo ha mostrato chiari miglioramenti nelle prestazioni rispetto all'SM.79 della serie precedente, principalmente grazie al nuovo propulsore costituito da 3 Alfa Romeo 128 RC 18 (motori con prestazioni più elevate se utilizzati a bassa quota, in quanto destinati ad essere utilizzati in unità siluranti), nonché ad altre migliorie come gli scaricatori di fiamma (simili a quelli utilizzati nei caccia notturni), alla maggiore capacità di carburante che gli permetterà di operare in zone più lontane (e quindi meno preparate a ricevere l'attacco) da 3.320 litri di capacità a 4.750, alla soppressione della tipica navicella dell'SM.79 bombardieri, nuove apparecchiature elettroniche, riposizionamento della bussola che consentiva l'uso di siluri a fusibile magnetico, un nuovo sistema elettrico a 24 V, altimetri FuG 101, ecc. Dopotutto, si trattava di un prolungamento della vita attiva di un velivolo già superato molti anni prima dai nuovi modelli con caratteristiche simili prodotti dagli Alleati.

Questo "nuovo" velivolo era il risultato delle molteplici richieste che i piloti degli aerosiluranti avevano fatto ai loro costruttori, dopo il loro intenso utilizzo operativo con la RA e nell'ottica di rendere possibili attacchi più accurati ed efficaci contro la lontana base britannica di Gibilterra. Per curiosità, sebbene fosse stata testata la configurazione di due siluri per velivolo, si giunse alla conclusione che la configurazione di un singolo siluro era molto migliore nella pratica, specialmente se portato sul lato sinistro del velivolo. Il resto dell'armamento era costituito da 4 mitragliatrici da 12,7 mm, e sebbene sia stato testato l'uso di un cannone anti-nave da 20 mm sulla gobba, esso venne collocato solo su un prototipo, scartando così l'equipaggiamento del resto dell'aereo.

Secondo Garello, 9 SM.79 risultarono disponibili per il volo dell'11 ottobre per circa 20 piloti. Il Gruppo "Aerosiluranti" proseguì in quel mese la sua preparazione e l'Unità si concentrò sulla nuova Base

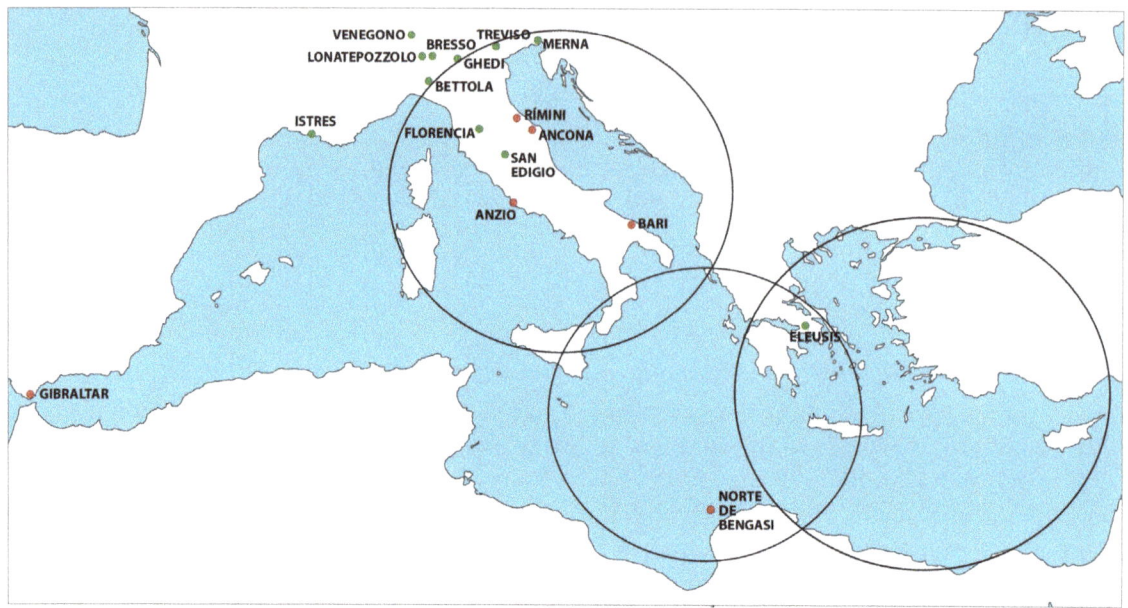

▲ Mappa che mostra i campi e le aree di azione del gruppo siluro-bombardiere: In rosso: noti luoghi di attacco con siluri del Gruppo. In verde: basi aeree in cui il Gruppo è stato istituito ad un certo punto della sua vita operativa. Cerchi: area di azione del Gruppo durante la sua attività in Italia, nel Mar Egeo e nel Mediterraneo. Disegno dall'autore.

▼ Equipaggio di aerosilurante comandato da Carlo Emanuele Buscaglia. Il famoso asso italiano è in piedi al centro.

di Gorizia dove venne ufficialmente costituita il 14 ottobre, con l'aerodromo di Lonate Pozzolo come campo di addestramento. Non passerà molto tempo prima che siano chiamati all'azione, poiché gli Alleati inizieranno a compiere movimenti offensivi nel Mediterraneo, culminati nel gennaio dell'anno successivo con lo sbarco di Anzio.

Durante il mese di ottobre, il Sottotenente De Felici ha dirottato un SM 79, uccidendo il pilota per disertare in territorio controllato dagli Alleati.

NOVEMBRE-DICEMBRE '43

Continua lo spostamento di SM.79 da una base all'altra, di cui uno si è perso il 15 novembre vicino a Piacenza. I due piloti che vi hanno partecipato sono stati i primi due caduti dell'ANR.

Il Gruppo si stava trasferendo in quei giorni nella sua base di Varese-Venegono per iniziare il processo di formazione, prendendo possesso di una seconda base operativa a Merna (Gorizia).

Infine, il 14 dicembre il Gruppo "Aerosiluranti", composto da tre Squadriglie (al comando rispettivamente del Capitano Giuseppe Valerio, del Tenente Irnerio Bertuzzi e del Capitano Carlo Chinca) denominate rispettivamente 1°, 2° e 3°, fu considerato operativo sotto il comando del Capitano Faggioni, in coincidenza con il periodo finale del loro addestramento. Successivamente ci sarà anche uno Squadriglia di Addestramento al comando del Capitano Magagnoli di base a Venegono e uno Squadriglia di Istruzione al comando del Capitano Palumbo di base a Bettola.

Solo un giorno dopo, il tenente Donati di SM 79dl avrebbe subito un incidente nei pressi di Piacenza a causa delle cattive condizioni meteorologiche.

FEBBRAIO-MARZO '44

Sebbene il Gruppo sia stato ufficialmente costituito il 1° gennaio 1944 presso l'aeroporto di Venegono, il 9 febbraio si svolse una cerimonia con personalità sia tedesche che della RSI in cui hanno giurato fedeltà alla Repubblica e in cui hanno onorato la bandiera del 36° Stormo Aerosiluranti della RA, il predecessore del Gruppo che Faggioni avrebbe comandato.

Il Gruppo era composto da tre Squadroni (il 1° al comando del Capitano Valerio, il 2° al comando del Tenente Bertuzzi e il 3° al comando del Capitano Chinca). All'inizio di marzo il Gruppo iniziò a dispiegarsi nelle proprie aree operative, passando uno Squadriglia in Friuli, lasciando gli altri due a Venegono.

Dobbiamo aspettare i primi giorni del marzo 1944 per vedere il Gruppo "Aerosiluranti" entrare in azione contro gli Alleati dopo circa due mesi di addestramento diurno e notturno e lancio di siluri. L'incontro si svolgerà nella zona di Anzio dove, dopo lo sbarco delle truppe della V Armata Alleata ad Anzio, ha portato alla costituzione di una testa di ponte all'interno del territorio della RSI.

L'8 marzo 1944 6 SM.79 (altre fonti dicono 7) furono trasferiti all'aeroporto avanzato di San Edigio a Perugia dalla loro base di Gorizia per il loro debutto in combattimento. Di questi 6 aerei, 5 appartenevano al 2° Squadriglia e uno al Gruppo del Quartier Generale. Gli ordini erano di attaccare le navi alleate attraccate nella zona di Anzio e Nettuno con la chiara intenzione di tagliare il più possibile le linee di rifornimento e logistiche delle truppe sbarcate. Il giorno prescelto fu il 10, e il risultato dell'attacco sarà una nave da 7.000 tonnellate danneggiata (molto probabilmente per il lancio di due siluri dagli aerei pilotati da Faggioni e Bertuzzi, i piloti più esperti di tutto il Gruppo) al costo dell'abbattimento di un SM.79 causato dall'azione dei caccia notturni nemici (l'aereo del tenente Giovanni Teta). Faggioni fu premiato con la Croce di Ferro di 1° classe per la sua prestazione in quell'attacco. Per curiosità, dopo questo attacco, il Gruppo aveva solo 15 siluri pronti all'uso.

Il giorno dopo un SM.79 andò perso sopra Forlì (quello pilotato dal sottotenente Galante) sulla strada che da Perugia porta a Gorizia; forse abbattuto da caccia nemici, anche se non è mai stato possibile confermarlo.

Sei SM.79 sono stati mandati a ripetere l'attacco qualche giorno dopo (nella notte tra le 13 e le 14) di nuovo con Faggioni e Bertuzzi a capo della formazione. Uno degli aerei è dovuto tornare a Gorizia a causa di un malfunzionamento del sistema di lancio del suo siluro, con la sfortuna che al ritorno venne abbattuto dagli Spitfire della RAF vicino a Rimini. L'attacco condotto da Faggioni tra le 01.00 e le 01.40 del 14 non ha avuto risultati evidenti (secondo fonti italiane un mezzo di trasporto, un mezzo da sbarco e due mezzi più piccoli sarebbero stati danneggiati), se non per la confusione creatasi nella flotta d'invasione, ben protetta sia dalle batterie antiaeree che dai caccia notturni, che hanno impedito agli italiani di osservare i risultati della loro coraggiosa azione. Mentre i caccia notturni nemici (in questo caso inglesi), durante il volo di ritorno a Gorizia dei cinque SM.79, riuscirono ad abbattere l'aereo del tenente Balzarotti sulla costa adriatica.

A seguito dei due attacchi effettuati dal Gruppo, la risposta alleata non si fece attendere e il 18 marzo la base di Gorizia (Merna) fu pesantemente bombardata con l'intenzione di spazzare via gli aerei a terra (allo stesso modo già ricordato, di quanto accaduto con gli aeroporti da cui operavano i caccia della CIG). L'azione venne condotta dall'USAF 15° Liberator B-24 dell'Aeronautica Militare (secondo Garello era 113 B-17 e il 260 B-24). Il risultato fu la totale agibilità pratica dell'aeroporto in modo operativo, la distruzione di un SM.79 e altri tre danneggiati (altre fonti parlano di ben 7 aerei distrutti), oltre al forzato spostamento dei superstiti SM.79 che furono dispersi tra Lonate Pozzolo e Venegono. Fino al 2 aprile, l'SM.79 non sarebbe stato più operativo nelle nuove basi a riprendere gli attacchi contro gli Alleati.

APRILE '44

Gli Alleati non cessarono la loro continua sorveglianza dei cieli del nord Italia per porre fine alla minaccia rappresentata dai velivoli dell'ANR. Già lo stesso giorno 6, il gruppo "Buscaglia", durante un volo di trasferimento di 12 SM.79 (11 secondo altre fonti) del 1° Squadriglia del Gruppo da Venegono, da dove partirono alle 16.00 per l'aeroporto di San Edigio a Perugia, subirono un agguato nei pressi di Firenze da un gruppo di quattro P-47 (otto secondo altre fonti, anche se meno attendibili) appartenenti al 64° Squadriglia Caccia del 57° Gruppo Caccia che era decollato in anticipo dalla Corsica. Gli SM.79 si stavano preparando ad un attacco sull'area di Anzio che richiedeva uno scalo intermedio proprio a Perugia e nel loro volo di formazione erano in due gruppi. Il risultato fu l'abbattimento di quattro SM.79 (il primo a cadere fu quello del tenente Albini nel comune di Pergine; dopo quello del tenente Cusmano a San Giovanni Valdarno; il successivo ad essere abbattuto fu quello di Maresciallo Daverio sopra San Donato; ed infine il quarto, comandato dal sergente maggiore Fabbri caduto nei pressi di Incisa Valdarno) oltre a un altro danneggiato che venne costretto ad un atterraggio di emergenza (l'aereo del tenente Perina che era riuscito ad atterrare nel comune di Pian de Loro con un membro dell'equipaggio morto, mentre il resto era rimasto illeso). Gli aerei ancora al sicuro si sparpagliarono e dovettero infine atterrare al campo d'aviazione di Arezzo (dove i capitani Faggioni, Valerio, Bertuzzi e il tenente Pandolfo fecero il loro atterraggio di emergenza), Perugia o Modena (come il tenente Neri). Gli americani perdettero forse due caccia durante l'attacco (l'SM.79 del tenente Sponza nonostante avesse un motore in fiamme e piuttosto danneggiato riuscì ad abbatterne uno con le sue mitragliatrici e ad atterrare in emergenza al campo d'aviazione di Peretola, dove poi contarono 72 fori di proiettile nell'aereo, con fuoriuscita di benzina e trasformandolo in un vero rottame). La perdita degli aerei, di 27 (forse 24) uomini morti e sei feriti fu un duro colpo per il Gruppo, e si è pensò allora che l'agguato subito potesse essere collegato a qualche tipo di spionaggio effettuato su quel volo di trasferimento. Questo potrebbe essere stato il caso, poiché gli Alleati avevano intercettato un messaggio radio della Luftwaffe che riportava la missione, utilizzando poi i dati per "dare la caccia" alle lente e obsolete macchine torpedo. Nonostante ciò, i P-47 avevano apparentemente attaccato due treni nei pressi di Orvieto, forse come manovra diversiva, dopo di che si spostarono verso nord proprio per incontrare la formazione italiana a sud di Firenze.

Le perdite erano comunque gravi per il Gruppo, ma la sua operatività rimase intatta. Il 10 aprile, quat-

▲ Due SM 79III del gruppo siluro-bombardiere in un atto a terra. Per gentile concessione della Pagina Facebook "A Difesa dei cieli d'Italia. Aeronautica Nazionale Repubblicana RSI"

▶ L'asso, il tenente Carlo Faggioni che dopo la sua morte in combattimento avrebbe dato il nome al gruppo siluro-bombardiere ANR.

▼ Immagine di una SM 79III del gruppo ANR Torpedo-bomber, possiamo vedere il siluro posto sul lato sinistro e il lungo tubo di scarico, tipico di questo piano. Per gentile concessione della Pagina Facebook "A Difesa dei cieli d'Italia. Aeronautica Nazionale Repubblicana RSI"

tro SM.79 decollarono da Perugia (un quinto aereo dovette rientrare alla base per problemi ai motori) e fecero visita alle navi di supporto presso la testa di ponte di Anzio, nella baia di Nettuno. Per questo attacco gli italiani (Faggiani, Valerio, Bertuzzi e Sponza) volarono quasi a livello del mare per evitare di essere rilevati dai radar nemici, per raggiungere la vista della flotta nemica intorno alle 23.50. Bertuzzi iniziò il suo attacco alla flotta disattenta e non ricevette alcuna risposta. Dopo di lui, fu il turno di Faggioni a svolgere il suo compito, anche se la difesa antiaerea, già allertata, centrò in pieno il suo velivolo che esplose in aria. Anche gli altri due aerei ricevettero una forte risposta dalla contraerea, con l'aereo di Sponza abbattuto (col pilota che sarebbe poi stato catturato dagli americani) e l'aereo di Valerio gravemente danneggiato nell'atterraggio di emergenza che dovette effettuare.

Come sintesi dell'attacco possiamo ricordare che furono rivendicate 3 navi affondate (si tratterebbe di un trasporto, una petroliera e una torpediniera) in cambio dell'abbattimento di due aerei e un altro toccato e quindi costretto ad un atterraggio forzato nel volo di ritorno a Lonate; così solo una delle tre macchine sarebbe tornata indenne (quella pilotata dal tenente Irnerio Bertuzzi). Uno degli aerei abbattuti, come abbiamo detto, era quello del comandante del gruppo, il capitano Faggioni, che all'inizio fu considerato disperso perché non c'erano testimoni della sua possibile morte. Questo pilota sarà onorato dai suoi uomini dando il suo nome all'Unità, che è diventata nota come Gruppo Torpedo "Faggioni. Qualche mese dopo quando, si seppe che Buscaglia era ancora vivo (e si era posto al servizio dell'Aviazione Cobelligerante) non si sapeva che pesci pigliare, , finche un giorno il ventinovenne Buscaglia prese, senza permesso un aereo Martin A30 Baltimore il quale ebbe un incidente proprio nel decollo provocando la morte prematura dell'asso italiano. Questo fatto fu interpretato al nord come un tentativo di fuga di Faggioni per raggiungere i suoi vecchi camerati, i quali decisero cosi di mantenere il suo nome a titolo del gruppo! Intanto dopo l'incidente della baia di Nettuno, il suo posto sarà occupato dal capitano veterano Marini, incaricato di dirigere le operazioni dell'Unità a partire dal 15 aprile; mentre Bertuzzi venne promosso al grado di capitano al merito in combattimento.

Solo tre giorni dopo (il 18), il Gruppo subì la perdita dell'aereo del sottotenente Guerra precipitato durante un volo di addestramento.

MAGGIO '44

Nel corso di questo mese il Gruppo venne riorganizzato dopo le numerose perdite subite. Secondo Mattioli, il 31 maggio il gruppo degli aerosiluranti aveva ancora 28 SM.79 (21 delle quali utilizzabili), essendosi sciolta la Squadriglia Complementare e sostituita nei suoi compiti di addestramento dalla Squadriglia Scuola Aerosiluranti con sede a Venegono (comandata dal Capitano Magagnoli) e dalla Squadriglia Addestramento Aerosiluranti con sede a Bettola (comandata dal Capitano Palumbo).

GIUGNO '44

Il Gruppo, dopo aver assimilato le sue molteplici perdite, durante questo mese ritorna operativo. Ma già sotto il comando di Marini, si cerca un'azione che riporti alto il livello morale, perché dopo le gravi perdite, l'Unità aveva assai sofferto. Così il capitano Marino Marini prese di nuovo di mira un tradizionale obiettivo della Regia Aeronautica: Gibilterra.

A quel punto, con la vita della RSI che andava spegnendosi di giorno in giorno a causa della pressione degli Alleati, questi ultimi non avrebbero mai pensato alla possibilità che i vecchi aerei italiani potessero anche solo considerare di attaccare la "Roccia". Ma Marini valutò le proprie possibilità e decise di procedere con il piano. Il 3 giugno, 10 SM.79 furono dispiegati nella base francese di Istrés (che sarebbe stata utilizzata come base di trampolino di lancio poiché si trovava a "solo" 2.700 km di distanza dall'obiettivo). Gli aerei scelti furono condizionati per la missione riducendo al massimo il peso del carico per sostituirlo con il carburante; in modo che le armi difensive furono tutte rimosse tranne una oltre a sacrificare uno dei membri dell'equipaggio di ogni aereo che fu quindi lasciato a terra, in questo modo si riuscì ad aumentare la capacità di carburante fino a 5.000 litri.

▲ Particolare della localizzazione di un siluro in un SM 79.

▶ Due SM 79III del gruppo siluro-bombardiere che sorvolano la zona di Anzio.

▼ Trasferimento via terra di un ANR SM 79 da un trattore leggero. Per gentile concessione della Pagina Facebook "A Difesa dei cieli d'Italia. Aeronautica Nazionale Repubblicana RSI"

▲ 86 SM 79 appartenente al gruppo "Faggioni" in procinto di armare un siluro. L'immagine è stata scattata all'aeroporto di Lonate Pozzolo nel 1944. Per gentile concessione del web "Aerei nella Regia Aeronautica"

▶ Un altro pilota importante del gruppo siluro-bombardiere fu Irnerio Bertuzzi, che divenne comandante del 2° squadriglia.

▼ Vista dall'alto dell'aeroporto "la Promessa" di Lonate Pozzolo.

▲ L'equipaggio di Carlo Emanuele Buscaglia (primo a sinistra) prima della partenza per una missione

▲ Rappresentazione grafica della notte di Gibilterra in cui gli aerosiluranti riuscirono a colpire diverse navi nella rada inglese.

◂ Il maggiore Marino Marini (l'eroe dell'attacco a Gibilterra) del gruppo siluro-bombardiere ANR che mostrano le loro croci di ferro. Per gentile concessione di EA51.ORG

Dopo una giornata di preparazione dei velivoli (il 3 giugno, 12 SM.79 decollarono da Lonate Pozzolo verso Istres comandati dal capitano Marini), nella notte del 4-5 giugno alle ore 21.00 10 SM.79 fecero rotta verso il sud della Spagna, lasciando 2 SM.79 di riserva. Questi aerei appartenevano al Reparto Volo del Comando di Gruppo, 5 alla 2° Squadriglia e 5 alla 3° Squadriglia. Poiché gli inglesi non si aspettavano un attacco (come aveva previsto Marini) in questa fase della guerra, l'illuminazione della cittadina di Gibilterra facilitò l'avvicinamento degli italiani. Alle 2.20 del mattino, nove SM.79 (uno dovette rientrare a causa di un danno), avvistarono Gibilterra e procedettero all'attacco della base della Royal Navy, iniziato dal capitano Bertuzzi da un'altezza di circa 70 metri; dopo di lui, i suoi compagni lo seguono. L'attacco, come è stato detto, venne effettuato a bassissima quota e ad una distanza di circa 700 metri dal nemico, lanciando un siluro per ogni velivolo (che era la consueta combinazione usata nell'SM.79 per ottimizzare le prestazioni dell'aerosilurante). Nonostante i problemi tecnici (alcuni siluri poterono essere lanciati solo con un secondo tentativo), gli uomini dell'ANR rivendicarono almeno 4 navi affondate corrispondenti a circa 30.000 tonnellate e due danneggiate che rimasero avvolte nelle fiamme (dato confermato dagli osservatori tedeschi ad Algeciras e dai nostri di villa Carmela che parlavano di 4 navi molto danneggiate e almeno altre due toccate), anche se in ogni caso non si trattava di navi di primo livello della Flotta (sul lato britannico hanno sempre negato danni importanti alle loro navi grazie all'azione delle reti anti-torpedo parlando di solo quattro vapori leggermente danneggiati). A causa dell'attacco, il porto di Gibilterra rimase fuori servizio per sole 12 ore. L'attacco venne effettuato in modo fugace, poiché ci si aspettava una reazione rapida da parte dei caccia avversari e dei proiettori del nemico insieme all'artiglieria antiaerea. Dopo aver lanciato i siluri, gli aerei si diressero verso nord e furono infine assaliti dai caccia nemici. Infine tre aerei a causa dei danni ricevuti e della mancanza di carburante furono costretti ad atterrare in territorio spagnolo dove i mezzi furono confiscati e i loro equipaggi rimpatriati poco dopo (si trattava degli equipaggi dei tenenti Tornese e Monaco, e quello del sottotenente De Lieto). Due aerei (quelli del capitano Marini e del sottotenente Del Prete) atterrarono a Perpignan (Francia), quattro arrivarono a Istrés dopo molte ore di volo tenendo spento il motore centrale per risparmiare il carburante che rimase molto scarso alla fine dell'incursione (quelli di Chinca, Pandolfo, Morselli e Bertuzzi); dopo di che il ritorno trionfale a Lonate Pozzolo avvenne alle 09.30. Li attendeva un caloroso benvenuto, oltre a varie decorazioni assegnate ai coraggiosi equipaggi.

Alla fine, nonostante i dubbi di aver affondato o meno alcune navi e la perdita di due degli aerei, il risultato fu molto positivo per il morale degli italiani, che avevano di nuovo attaccato il nemico nel loro territorio. Una azione degna da "pubblicizzare" da parte dell'ANR. Ma non potè essere così, perché un altro evento aveva colpito duramente il morale degli uomini della RSI, dato che lo stesso giorno dell'attacco a Gibilterra, avveniva la cattura (o la liberazione) di Roma da parte degli Alleati e il giorno successivo avveniva il D-Day ovverosia lo sbarco alleato in Normandia (Operazione Overlord). Nonostante tutto questo, da parte britannica, si può ritenere che anche l'attacco a Gibilterra abbia avuto delle conseguenze, poiché, nonostante gli effetti negativi della guerra sull'Asse, gli italiani dimostrarono sempre di poter effettuare missioni, anche se *una tantum*, contro obiettivi apparentemente irraggiungibili.

Alla fine però l'unico scopo dell'attacco a Gibilterra fu quello di animare e mostrare l'ardore e l'alto spirito di guerra che avevano i piloti dell'ANR; i partecipanti vennero tutti premiati con la Medaglia d'Argento per il coraggio in combattimento, alcune decorazioni tedesche e la promozione al grado di Maggiore a Marini.

LUGLIO-AGOSTO '44

Provenendo da Lonate Pozzolo, e già presenti alla base trampolino di Treviso, il 6 luglio 1944 il Gruppo tornerà in azione, in questo caso l'obiettivo era costituito dalle navi nemiche nel porto di Bari, controllate dagli inglesi. Alle ore 00.10 da Treviso furono inviati 5 SM.79 della 2a Squadriglia (al comando del capitano Bertuzzi insieme al sottotenente Bellucci, al sergente maggiore Canis, al tenente colonnello Neri, al sergente maggiore Sessa e al sergente maggiore Ferraris) che prendono un percorso verso sud e arrivano a Bari alle ore 02:00. 45 ore dopo iniziarono il loro attacco, ricevuti da un denso fuoco antiaereo, nonostante ciò, una nave (una torpediniera inglese chiamata Sickle) fu affondata dall'aereo del tenente Perina e un'altra danneggiata (una nave mercantile), questo secondo gli italiani (anche se altre fonti parlano della torpediniera e di due o tre piccoli piroscafi); mentre nella versione alleata si parla solo della torpediniera danneggiata. Sul versante italiano, solo l'aereo del tenente Del Prete risultò danneggiato dovendo effettuare un atterraggio di emergenza vicino ad Ancona.

Ma il teatro delle operazioni del Gruppo Aerosiluranti "Faggioni" cambierà quel giorno stesso. Il 6 luglio il Gruppo viene trasferito nell'Egeo per agire contro il traffico marittimo alleato nel Mediterraneo orientale.

I primi ad arrivare furono cinque SM.79 comandati dal maggiore Marini che presero terra a nord di Atene (via Belgrado e Salonicco) all'aeroporto di Eleusis. Per poco più di un mese opereranno sulle acque tra la Grecia e il Nord Africa in due periodi, utilizzando entrambe le basi sul continente (Grecia) e operativamente dalle basi aeree tedesche di Creta. La loro area di attività andrà da Cipro, Rodi e Creta fino alle coste libiche ed egiziane; l'attività del Gruppo era coordinata dal quartier generale della Luftwaffe ad Atene-Tatoi.

La prima missione sulle acque del Mar Egeo si svolse il 7 luglio, quando alle 05.45 decollarono 10 SM.79 (della 1ª, 2ª e 3ª Squadriglia). Il risultato fu un fallimento, in quanto 3 aerei ebbero gravi problemi tecnici e i restanti 7 atterrarono ad Eleusis senza poter vantare alcuna vittoria. Tra il 9 e il 12 del mese furono effettuate tre missioni sul Mediterraneo con il risultato di due SM.79 persi per mancanza di carburante il 12 luglio (quelle del capitano Chinca e del tenente Monaco). I membri dell'equipaggio di questi due aerei vennero poi salvati da un idrovolante della Luftwaffe.

Dopo questo viaggio, i 6 SM.79 superstiti dell'Unità tornarono in Italia tra il 12 e il 13 luglio. In Italia avrebbero dovuto prepararsi per il loro secondo tour nelle acque dell'Egeo, ma sei aerei vennero distrutti a terra a Lonate il 29 luglio a causa di un attacco alleato (secondo Mattioli solo quattro aerei vennero distrutti). Nonostante l'aumento delle perdite, la "Faggioni" con 14 SM.79 torna in Grecia il 31 luglio per un secondo turno di operazioni che si svolgerà fino all'11 agosto (6 SM.79 della 2a Squadriglia partirono il 30 luglio e altri 8 SM.79 il 31). Durante il volo verso la loro nuova base, uno degli aerei si schiantò all'atterraggio a Villafranca (l'aereo del tenente Neri). Gli aerei furono allora divisi in due gruppi operativi o sezioni di circa cinque aerei.

Secondo fonti italiane, prima il tenente Merani e poi (il 4 agosto) il tenente Morselli, silurarono e affondarono un piroscafo da 7.100 tonnellate di vapore chiamato Samsylarna a nord di Bengasi.

È stata inoltre effettuata una ricognizione armata con gli aerei del Gruppo in acque maltesi. Il 5 agosto una sezione del Gruppo, di stanza in zone più orientali, condusse una missione sulle acque di Cipro, scontrandosi con gli aerei britannici dell'aeroporto di Limassol Furono intercettati e abbattuti nel Mar di Jasinki, e altri due furono danneggiati dovendo effettuare un atterraggio di emergenza non lontano dalla costa di Creta, in uno degli aerei rimase ucciso tutto l'equipaggio. Un altro SM.79 andò perduto il 5 agosto vicino all'isola di Argo dopo aver finito il carburante. L'equipaggio di questo aereo venne ancora salvato dagli idrovolanti della Luftwaffe.

Dopo il secondo giro nell'Egeo, 5 degli aerei sopravvissuti rientrarono su a Belgrado e uno riuscì invece a raggiungere l'Italia dopo aver fatto rifornimento a Pancevo.

Durante il periodo dell'azione, secondo gli italiani vennero effettuati almeno 5 attacchi di convogli (che in questa parte del Mediterraneo non erano così ben protetti come in quella più a ovest) con dieci navi rivendicate e due danneggiate (gli Alleati hanno riconosciuto solo la perdita del suddetto piroscafo mercantile Samsylarna, danneggiato il 4 agosto a nord di Bengasi e in condizioni talmente pessime che venne poi abbandonato). Nel capitolo perdite, 4 SM.79 vennero considerati perduti; quelli citati e uno abbattuto dall'artiglieria antiaerea tedesca per errore. L'11 agosto, l'aereo del tenente Morselli, su un volo in partenza dall'aeroporto di Belgrado (erano i cinque aerei che erano atterrati poco prima dal teatro delle operazioni dell'Egeo), ebbe uno scontro con un aereo dell'Italia Cobelligerante.

OTTOBRE-NOVEMBRE '44

È in questo mese (12 ottobre) che il Gruppo cambia nome da "Buscaglia" a "Faggioni", in onore del capitano Faggioni morto in azione, per decreto dell'attuale comandante Marini. Il nome "Buscaglia" fu abbandonato dopo che è stato confermato che era ancora vivo ed era passato dalla parte del nemico (anche se poi la sua misterioso morte fu considerata dai piloti un riavvicinamento in qualche modo). Il marchio della fusoliera dell'aereo intanto venne cambiato da una "B" a una "F".

Alla fine di novembre, sei SM.79 vennero sistemati a Ghedi per preparare un nuovo ciclo operativo nella zona del Mare della Corsica.

DICEMBRE-GIUGNO '44-45

Dopo l'"Operazione Phoenix" che ebbe luogo alla fine di agosto (e già ampiamente commentata nella sezione sui caccia), come le altre unità dell'ANR, i "Faggioni" rimasero fuori gioco, non effettuando più missioni operative fino alla fine del dicembre 1944. Un fatto importante (secondo Mattioli) da sottolineare è che degli 854 uomini del Gruppo solo 4uomini (sette secondo altre fonti) accettarono di unirsi ai tedeschi per entrare a far parte di un'unità italiana all'interno della Luftwaffe, attratti dalla possibilità di essere abilitati a pilotare il futurista caccia Me-262 (secondo Garello).

Nel mese di ottobre l'Unità è di nuovo almeno parzialmente operativa dalla base di Ghedi con 10 SM.79 in funzione. Nessuna attività significativa fu registrata dal Gruppo fino alla fine del mese di novembre, quando sei velivoli SM.79 raggiunsero l'aeroporto di Bresso il 27 novembre. Il 28 ottobre, diversi SM.79 furono colpiti da fulmini, lasciandone solo 14 idonei al volo.

È il 26 dicembre, i "Faggioni" tornarono alle operazioni di combattimento. Alle ore 20.20 un gruppo di aerei composto da 4 SM.79 guidati dal capitano Bertuzzi partì per il porto di Ancona (destinazione conosciuta solo da Bertuzzi e resa nota ai suoi uomini una volta in volo). La situazione atmosferica non era abbastanza buona a causa di una nebbia persistente che permise tuttavia a Bertuzzi di lanciare il suo siluro con successo colpendo un mercantile di 7.000 tonnellate danneggiandolo e forse affondandolo (mai confermato dagli Alleati). Solo un giorno dopo, la vendetta alleata non tardò ad arrivare e uno sciame di P-47 attaccò il campo d'aviazione di Lonate Pozzolo distruggendo 14 SM.79 di Marini (secondo Mattioli furono 12 gli aerei distrutti a terra).

La successiva e ultima missione di combattimento del Gruppo si svolse il 5 gennaio, quando una coppia di SM.79 al comando del tenente Del Prete sull'Adriatico (vicino a Rimini) riuscì a silurare una nave del peso di circa 5.000 tonnellate. Questa fu allora l'ultima vittoria del Gruppo, anche se non fu mai confermata dagli Alleati.

Durante tutti questi mesi, le vessazioni dei bombardieri e dei cacciabombardieri alleati costrinsero gli aerei delle squadriglie "Faggioni" a cambiare spesso "residenza". Nonostante ciò riuscirono a mantenere sempre viva la loro attività. Il 13 gennaio il maggiore Marini venne catturato dalle truppe partigiane nei pressi di Novara.

La situazione andava peggiorando rapidamente, poiché oltre alla perdita di equipaggi fino al loro esaurimento, anche mantenere l'SM.79 in condizioni di volo adeguate era già una sfida per la meccanica e per il resto del personale del Gruppo (si trattava di aerei già vetusti e molto logori, con assenza di gran parte del materiale di ricambio, oltre alla perdita di velivoli in continuazione), c'era un altro problema non facile da risolvere: la carenza di carburante. L'SM.79 con tre motori consumava una grande quantità di carburante, quindi il loro funzionamento era molto compromesso. Per contribuire ad alleviare questo aspetto si propose di equipaggiare il Gruppo "Faggioni" con il monomotore G.55 con un carico di 920 kg di siluri, che aveva volato con successo nel marzo 1945. Alla fine la sostituzione dell'SM.79 non fu accettata, così, vista l'impossibilità di riportare nei cieli formazioni idonee di SM.79 pronte al combattimento, il "Faggioni" cessò di fatto le sue operazioni e fu sciolto.

Dopo lo scioglimento, i suoi uomini rimasero alle basi in attesa degli eventi. Non ci furono incidenti di rilievo fino al 14 marzo 1945 quando i tenenti Roberto Salvi e Piero Leonardi e altri due piloti (uno in più secondo Mattioli, nella persona del sottotenente Gulli) furono uccisi alle spalle da ignoti sulla via del ritorno alla loro base. Non ci furono poi altri incidenti con i partigiani, evitati dagli uomini del gruppo. Si giunse quindi al 25 aprile quando il personale, dopo aver sabotato l'equipaggiamento che ancora aveva, si è concentrò su Castano Primo, dove consegnò le armi ai membri della resistenza.

RIASSUNTO

La storia del Gruppo "Buscaglia" prima e "Faggioni" poi, può essere paragonata a quella dei caccia ANR, dove solo il grande coraggio e l'audacia dimostrata dai piloti e dagli equipaggi permise di affrontare gli innumerevoli e sempre più moderni aerei nemici (con l'aggravante che l'SM.79I III utilizzati principalmente nel Gruppo era solo un ammodernamento di un vecchio velivolo e tecnicamente di gran lunga superato dagli alleati, cosa che almeno non avveniva in modo così marcato con i mezzi in dotazione ai gruppi di caccia che avevano velivoli paragonabili a quelli dei nemici). Ciononostante questi piloti riuscirono, per quanto possibile, a mettere sotto controllo le truppe navali e di terra alleate, ovunque i loro aerei abbiano volato durante le 1.130 ore di volo di combattimento e le 1.240 ore di addestramento che hanno completato.

Nonostante ciò, e se si valutano i risultati e le perdite del Gruppo, l'opinione che si può ottenere è diversa se ci si basa sulle parti che gli italiani hanno dato dopo i combattimenti o su quelle riconosciute dagli Alleati (sempre più in contrasto con il passare degli anni). Secondo l'ANR, con le 13 ricognizioni offensive e le 14 azioni siluranti effettuate dall'Unità, sarebbero state distrutte da 13 a 19 navi mercantili e una torpediniera per un totale di 115.000 tonnellate, e 12 danneggiate corrispondenti a circa 75.000 tonnellate. Gli aerei del Gruppo riuscirono anche ad abbattere quattro aerei nemici.

Inoltre, a fronte di una flotta di aerei a loro disposizione stimata fra 50-80 SM.79, il numero massimo di aerei per una missione era di dieci; e il numero massimo di aerei disponibili in un dato momento della guerra non avrebbe superato i 20-24 mezzi.

È anche difficile conoscere il numero di perdite subite, ma andrebbe da 12 a 15 il numero di SM.79 abbattuti, con la conseguente perdita dei membri dell'equipaggio (tenendo conto anche di quelli costretti ad atterrare in Spagna dopo l'attacco a Gibilterra), almeno altri 14 distrutti a terra da azioni nemiche e altri quattro persi in vari incidenti (alcune fonti concludono che un totale di 59 velivoli del Gruppo siano andati perduti per tutte le cause). Per quanto riguarda il personale ucciso, si stima che ci siano stati circa 60-86 morti (alcune fonti parlano di circa 38 piloti e 185 specialisti vari), tra i quali quasi la metà erano piloti (l'equipaggio di un SM.79 era di 6 uomini).

I piloti del Gruppo che più si sono distinti nel loro periodo in RA e ANR furono i capitani Carlo Faggioni, Mariano Marini, Irnenio Bertuzzi e Ottone Sponza, tra gli altri; molti di loro si sono distinti per il loro coraggio in combattimento.

Nome	SM.79III	CANT Z.1007 bis	SM.81	SM.82
Motore	3 Alfa Romeo 128 RC18 860 HP	3 Piaggio P XI RC40 1000 HP	3 Alfa Romeo 125 RC35 680 HP	3 Alfa Romeo 128 RC21 950 HP
Vel. Max (Km/h)	430	456	340	370
Distanza (Km)	1900	2000	1931	3000
Armamento	4 12.7 mm Mitragliatrici + 1 Torpedo	4 12.7 mm Mitragliatrici + 1100 Kg Bombe	6-7 7.7 mm Mitragliatrici	4-5 12.7 mm Mitragliatrici
Peso (Kg)	10500	17327	10505	18020
Tipo aereo	Aerosilurante	Bombardiere	Trasporto	Trasporto

▲ Fiat G.55S, prototipo di aerosilurante che fu fabbricato da un G.55 del 1° gruppo di caccia modificato che dovette prendere un siluro di 920 kg, sebbene nei test usasse uno dei test realizzati con cemento. Per gentile concessione di Asisbiz

▶ Immagine della Fiat G.55S, un prototipo di aerosilurante che è stato proposto di sostituire l'SM 79III nel gruppo siluro-bombardiere. Per gentile concessione della Pagina Facebook "A Difesa dei cieli d'Italia. Aeronautica Nazionale Repubblicana RSI"

▶ Cant Z. 1007 del gruppo bombardieri "Ettore Mutti" con le insegne ANR. Per gentile concessione della Pagina Facebook "A Difesa dei cieli d'Italia. Aeronautica Nazionale Repubblicana RSI"

▼ Un Cant Z. 1007 (stavolta con le insegne tedesche) vicino ad un Fiat G. 55 nell'aeroporto di Bresso. Per gentile concessione della Pagina Facebook "A Difesa dei cieli d'Italia. Aeronautica Nazionale Repubblicana RSI"

GRUPPO DI BOMBARDIERI "ETTORE MUTTI"

Questa controversa formazione di bombardieri, che avrebbe dovuto essere una delle punte di diamante dell'ANR (insieme ai caccia e agli aerosiluranti), in realtà è rimasta quasi un'unità solo sulla carta. Il motivo era che, pur avendo aerei adatti ai bombardamenti come il CANT Z.1007 "Alcione" e l'onnipresente SM.79, non volle essere usato contro i suoi connazionali nel sud Italia, poiché fino a poco tempo prima erano stati tutti uniti sotto un'unica bandiera. Nonostante ciò, il 15 giugno 1944 a Bergamo si formò il Gruppo Bombardieri "Ettore Mutti", passando poco dopo all'aeroporto di Lonate Pozzolo, dove gli equipaggi e il personale di terra furono addestrati per i loro ruoli di combattimento. Nonostante i due modelli di velivoli citati, si preferì optare per il CANT Z.1007 per le sue migliori qualità di bombardiere (non invano, l'aviazione italiana cobelligerante aveva un'unità di bombardieri costituita da questo stesso velivolo e allo stesso modo non operava sul suolo italiano ma nei Balcani, proprio per evitare la stessa situazione degli uomini dell'ANR). Inizialmente l'unità aveva 12 CANT 1007 bis e 10 CANT 1007 ter operativi (quest'ultimo modello aveva una velocità di 490 Km/h, un lungo raggio e una torretta dorsale, il che lo rendeva un aereo superiore a qualsiasi altro di queste caratteristiche nell'ANR), con cui procedeva ad istruire i suoi equipaggi. Inoltre, ci si aspettava di ottenere dal bombardiere qualche unità in più, poiché nelle linee di produzione ce n'erano ancora alcune da completare.

L'unità non divenne però operativa a causa dei fattori sopra citati e della diffidenza del comando di Luftflotte II, che aveva un alto grado di sfiducia nei confronti degli italiani (forse causato dalle conseguenze della stessa "Operazione Phoenix", concepita dai tedeschi) e sospettava che avrebbero potuto disertare se avessero avuto la possibilità di sorvolare il territorio italiano in mano agli alleati. Nulla di più lontano dalla verità, come si è visto nella fedeltà dimostrata dai piloti dei vari rami dell'ANR, ma, alla fine, questi pregiudizi condizionarono il destino di questa Unità, poiché, dopo essere stato utilizzato per un breve periodo di tempo come mezzo di trasporto, il 30 settembre 1944 il Gruppo fu sciolto, con il trasferimento di alcuni dei suoi SM.79 al Gruppo Aerosiluranti, di altri per il trasporto di unità e di alcuni dei restanti velivoli in rottamazione.

GRUPPI DI TRASPORTO

Il caso delle unità di trasporto dell'ANR è a dir poco curioso, in quanto la loro necessità in un territorio piccolo e sempre più ridotto come quello della RSI era davvero molto ridotta. Nonostante ciò, a causa del gran numero di volontari e dei coscritti reclutati, furono formati fino a tre gruppi di trasporto, anche se, come vedremo, non tutti avevano lo stesso livello operativo. In ragione di quanto sopra, fu concordato con la Luftwaffe, che dopo l'armistizio requisì agli italiani tutti gli aerei (un buon numero di SM.81 "Pipistrello" e SM.82 "Marsupiale" o "Canguro"), che i gruppi di trasporto italiani avrebbero svolto il loro servizio in altre aree del fronte di guerra al di fuori della penisola italiana (in particolare sul fronte orientale per supportare logisticamente la VI Luftflotte) e all'interno della struttura interna della Luftwaffe.

Il primo Gruppo che si è formato si chiamava il 1° Gruppo Trasporti (IGT) "Felice Terraciano" o Gruppo Trasporti 10 (Italien) come lo chiamavano i tedeschi. Il IIGT si chiamava "Mario Trabucchi" o Gruppo dei Trasporti 110 (Italien) nel caso dei tedeschi. Un terzo gruppo si chiamerà IIIGT "De Camillis". Le loro missioni furono il compito di trasportare truppe e rifornimenti.

IGT "Terracciano":
Il IGT "Terracciano" è stata costituito presso l'aeroporto di Orio al Serio, vicino a Bergamo, nel novembre 1943. Era composto da volontari (dove c'erano molti veterani delle unità di bombardieri e trasporto della Regia Aeronautica) presentati al Comando del Trasporto Aereo e da circa 100 reclute della classe

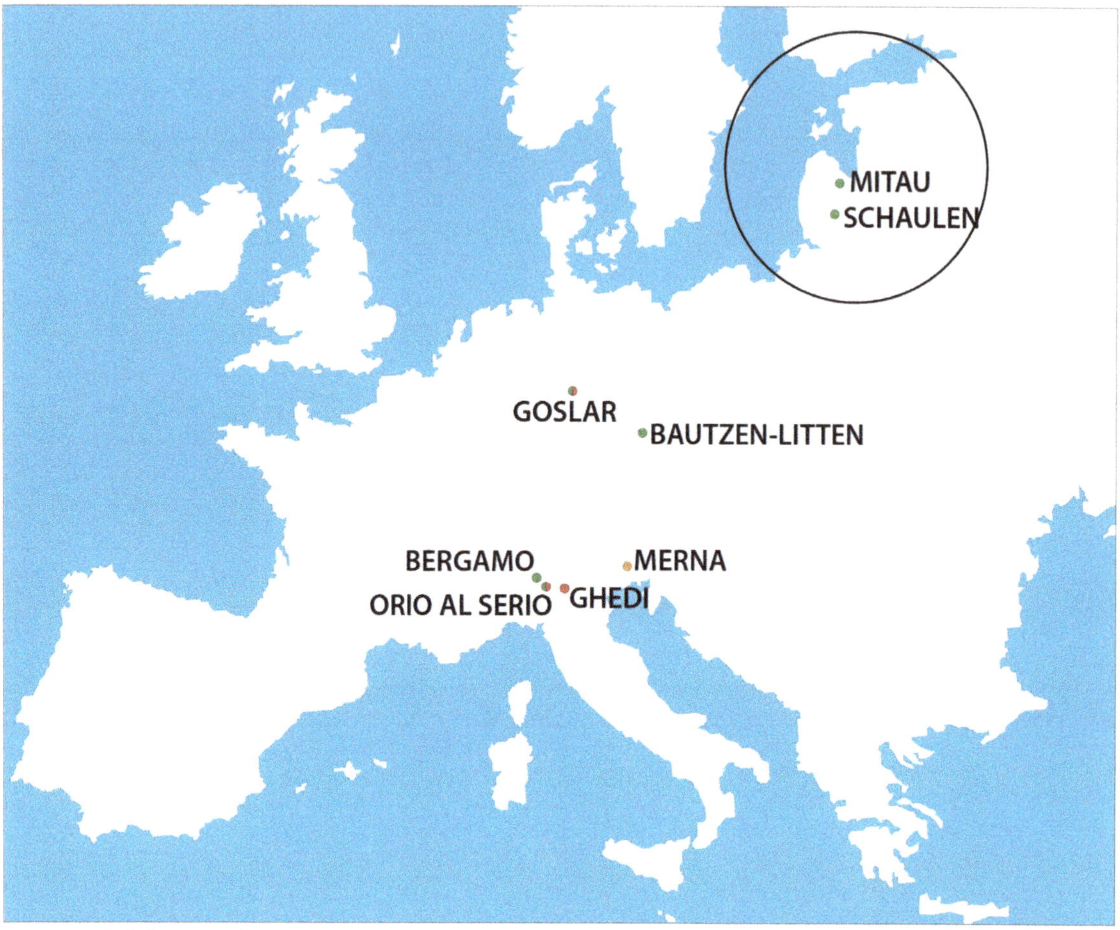

▲ Principali dislocazioni dei tre gruppi Trasporto aereo dell'ANR Transpot Groups: IGT: in verde. IIGT : in rosso. IIIGT: in giallo. Disegno dell'autore.

▼ SM 81 del 1° gruppo Trasporto "Felice Terracciano" (per gli italiani) o 10 Flieger transport Gruppe (Italy) per i tedeschi. Per gentile concessione della Pagina Facebook "A Difesa dei cieli d'Italia. Aeronautica Nazionale Repubblicana RSI"

▲ Tre SM 81 del Gruppo "Terracciano" sono stati allineati in un aeroporto in Finlandia durante una delle sue missioni di trasporto.

▶ Personale dell'ANR accanto ad un Cant Z. 1007ter che sta scaldando i motori in attesa di decollare.

▼ Quattro uomini del 1° gruppo di trasporto "Felice Terracciano" posano in Finlandia davanti alla loro SM 81. Tutte e tre le foto di questa pagina sono per gentile concessione della Pagina Facebook "A Difesa dei cieli d'Italia. Aeronautica Nazionale Repubblicana RSI".

1924/25, tutte al comando del maggiore Edigio Pelizzari.

Il IGT era stato formato nonostante non avesse ancora nessun aereo, al momento tutti in Germania, perché requisiti. Di conseguenza, l'Unità fu inviata in treno in Germania il 21 gennaio 1944 con la certezza che l'SM.81 li avrebbe aspettati all'aeroporto di Goslar pronti per l'uso. Gli aerei che trovarono a Goslar: 40 SM.81, erano in pessime condizioni di manutenzione, che richiedeva un'importante revisione. Inoltre, questi aerei in alcuni casi avevano ancora la configurazione di quando venivano utilizzati come bombardieri, ma non erano affatto preparati ad essere usati come trasporti, che era l'uso a cui sarebbero stati destinati. Il 23 gennaio il Gruppo prese possesso di 24 trasporti SM.81 a Goslar, cui ne seguiranno presto altri 10, secondo fonti italiane (il numero totale di velivoli SM.81 a disposizione del IGT durante la sua esistenza fu di circa 60). Un mese di formazione si rese necessario per il personale di volo e di terra per prendere in carico le nuove macchine e anche per il Gruppo per adattarsi all'organizzazione e agli orari dei voli della Luftwaffe.

Ma il tempo necessario per portare l'SM.81 in condizione di volo venne protratto a diversi mesi, il che influì negativamente sul morale degli italiani che erano ansiosi di iniziare le loro operazioni di combattimento. Durante questo periodo di revisione, le difficoltà linguistiche (aggravate dal numero esiguo di interpreti) e la difficoltà di ottenere materiali per la riparazione del velivolo furono aggravate dal clima rigido del nord Europa. Questo periodo mise a dura prova gli uomini del IGT, poiché oltre a quanto detto sopra, ogni giorno una parte del personale italiano veniva "richiesto" dal Comando dell'aeroporto di Goslar per i lavori di scavo, di trasporto dei materiali e per la pulizia della linea ferroviaria nei pressi dell'aeroporto. Ma la cosa peggiore era il freddo, per il quale i vestiti che provenivano da Bergamo non erano affatto adatti.

Il cibo era un altro problema, perché a parte la sua "non abbondanza", non era molto adatto al palato italiano. Questo aspetto fu in parte risolto da derrate italiane che di tanto in tanto arrivavano da Bergamo.

Nonostante tutto, grazie all'atteggiamento di Pelizzari, i suoi uomini mantennero alta la loro fede e l'amore per il Paese anche in questa situazione, così come alto rimase il desiderio di iniziare il loro periodo operativo il più presto possibile.

Ma gli italiani dovettero farsi carico anche d'altro, oltre tutti gli inconvenienti noti, bisognava infatti aggiungerne un altro che riempì quasi il bicchiere della pazienza italiana; il trattamento ricevuto dai loro alleati tedeschi. Essi insistevano sul fatto che gli uomini del IGT, dovessero far parte della Luftwaffe, dovuto indossare uniformi tedesche e non italiane, dovendo infine giurare obbedienza ad Adolf Hitler (come già ogni soldato tedesco). Ovviamente, gli italiani che appartenevano a un Paese alleato della Germania non concepirono una tale possibilità. Il tutto si risolse dopo numerosi "movimenti" diplomatici, accettando l'opzione difesa dagli italiani, a condizione che il Gruppo fosse consapevole dell'impossibilità di agire al di fuori dell'organigramma della Luftwaffe a cui sarebbe stato comunque operativamente subordinato.

A fine marzo i primi 12 velivoli erano pronti per l'impiego e l'8 aprile il 1° Squadriglia (dei tre che costituiranno il Gruppo che sarà annesso ad un'unità di trasporto tedesca chiamata TG10) venne trasferito a Schaulen (in Lituania) e messo in servizio. Con l'aumentare della disponibilità di aerei, venne formato e attivato anche il 2° Squadriglia, così come il 3° Squadriglia (entrambi da inviare a Schaulen il 15 aprile).

Ora sotto il nome tedesco di 1° Gruppe / TG 10, il IGT parteciperà a numerose missioni di rifornimento del fronte Ucraino e Bielorusso. Queste saranno effettuate dalla sua base operativa di Mitau (l'attuale Jelgava in Lettonia) dove vennero trasferite poco dopo il loro arrivo a Schaulen. Lì, a Mitau, tornò presto il fantasma delle umiliazioni subite dagli italiani da parte dei tedeschi, così che la disillusione prese copro tra gli uomini il cui morale si abbassava di giorno in giorno. Gli italiani, già rattristati dall'essere lontani dalla loro patria e con le difficoltà di svolgere le loro operazioni, dovettero subire i maltrattamenti dei tedeschi: gli italiani vennero presi in giro e dileggiati di avere una percentuale molto alta di malattie veneree, vennero sistematicamente dotati delle peggiori strutture nei campi d'aviazione (a differenza delle unità tedesche che condividevano con loro), non fu messo a loro disposizione un solo veicolo a motore a Mitau, dovendosi accontentare di un carro e di un cavallo che furono loro forniti (i tedeschi nell'unità di collegamento con gli italiani avevano regolari veicoli a motore), ecc. Anche la situazione bellica non aiutò affatto, poiché il ritiro tedesco si svolse a ritmo serrato dopo l'offensiva sovietica dell'estate che stava avendo la meglio su tutti i fronti. Ma gli italiani, sia i piloti che il personale di terra, lavorarono duramente e lodevolmente ai loro compiti, anche se questi hanno richiesero la massima fatica, molte notti insonni e la tensione del nemico che incombeva.

Con il ritiro, gli aerei italiani svolsero compiti di evacuazione del personale in condizioni molto difficili dalla Lettonia, Estonia, Prussia orientale, Finlandia e Polonia; il più delle volte senza copertura aerea. Alla fine fu necessario evacuare il campo d'aviazione di Mitau, poiché l'avanguardia russa si trovava a breve distanza da esso sull'autostrada Schaulen-Mitau. Era il 26 luglio alle 14:30 quando ricevettero l'ordine di evacuazione; tutto era pronto per la partenza in meno di cinque ore e i preparativi si svolsero in modo ordinato, con calma e serenità nonostante la terribile situazione sul campo.

All'epoca il Gruppo aveva a disposizione 32 velivoli e doveva partire per il territorio tedesco, in particolare verso l'aeroporto di Bautzen-Litten, dopo uno scalo a Riga. Furono 375 gli uomini che arrivano nella città tedesca, appartenenti alle tre Squadriglie, allo Stato Maggiore e ad alcuni tecnici del Gruppo. Il resto del personale doveva arrivare su strada e in treno via Libau-Memel-Königsberg. Ancora una volta gli italiani dovettero subire le consuete umiliazioni dei tedeschi. Questa situazione provocò persino l'invio di una lettera di protesta da parte del comando del Gruppo alla sua unità di collegamento tedesca.

Lì, in Germania, al Gruppo non vennero affidati nuovi compiti a causa dell'impossibilità di utilizzare le macchine senza una corretta manutenzione e, soprattutto, della mancanza di carburante; pertanto, rimasero permanentemente a terra. Dopo sei mesi di servizio ininterrotto, il personale era anche fisicamente esausto, mal nutrito e ancora una volta sopraffatto dalla nostalgia per il proprio Paese. Nonostante ciò, restarono pronti a tornare in azione dopo una pausa e soprattutto dopo aver cambiato la loro flotta di aerei per una più moderna, più adatta alle circostanze. A seguito della situazione, il maggiore Pelizzari chiese il ritorno del Gruppo in Italia, passando dal controllo della Luftflotte Reich alla Luftflotte II del maresciallo Von Richtofen; richiesta che il maresciallo tedesco accettò volentieri. L'ultimo volo in servizio del Gruppo avvenne il 27 luglio 1944 alle ore 13.00, che li portò all'aeroporto di Bautzen-Litten; ma ufficialmente il Gruppo fu disattivato tra il 15 e il 21 agosto (date coincidenti con l'"Operazione Phoenix") con il rimpatrio del personale in Italia, nonostante persistesse l'interesse dei tedeschi a farli incorporare nella Luftwaffe (quest'ultima fu ancora una volta evitata dalla forte opposizione degli italiani, guidati dal tenente colonnello Baylon). Una volta in Italia, entrarono tutti a far parte di un'unità antiparacadutisti, il 7° battaglione antiparacadutisti "Terraciano". Questa unità fu ufficialmente costituita nel novembre 1944 a Bergamo. Esso era considerato un Battaglione Speciale Antiaereo, essendo equipaggiato con mitragliatrici da 20 mm. Veniva utilizzato per stabilire guarnigioni nelle alte valli della zona e a difesa degli aeroporti di Orio al Serio, San Pietro e Ghedi. In quest'ultima funzione, nel corso della loro attività riuscirono ad abbattere sei aerei nemici. Nell'inverno e nella primavera del 1945, il battaglione fu schierato contro le forze mongole che avevano disertato i ranghi tedeschi, formando bande di guerriglieri dediti al saccheggio nei paesi della bergamasca. Alla fine delle ostilità il battaglione depose le armi a Bergamo nell'aprile del 1945, molti dei suoi uomini vennero uccisi dai partigiani.

Gli uomini dell'IGT dimostrarono, nonostante tutti i disagi subiti, di poter essere operativi quando la situazione lo richiedeva apparendo nei fatti i migliori. Fu l'unico gruppo di trasporto dell'ANR che ebbe effettivamente un ruolo nel conflitto (come vedremo più avanti) e il suo record può essere riassunto con queste cifre:
- ore di volo: 112.419.

▲ Immagine di una SM 82 con le insegne della Regia Aeronautica, da questa immagine si può ben intuire la sua grande capacità interna.

▶ Un SM 81 appartenente al gruppo "Terracciano" in un aeroporto finlandese durante una delle sue missioni. Per gentile concessione della Pagina Facebook "A Difesa dei cieli d'Italia. Aeronautica Nazionale Repubblicana RSI"

▶ Pagina a destra: SM 81 del gruppo "Terracciano" che volano sul fronte est. si vedono chiaramente le croci tedesche e la svastica. Per gentile concessione della Pagina Facebook "A Difesa dei cieli d'Italia. Aeronautica Nazionale Repubblicana RSI"

▼ Relitti di un SM 82 del gruppo "Trabucchi" abbandonato nella città tedesca di Wunstorf nella Bassa Sassonia. Accanto ad esso, due Bf 109 e un caccia notturno tedesco Ju 88. Per gentile concessione della Pagina Facebook "A Difesa dei cieli d'Italia. Aeronautica Nazionale Repubblicana RSI".

- ciclo operativo: sei mesi.
- feriti trasportati: 275.
- passeggeri trasportati: 2.282.
- chilogrammi di materiale trasportato: 223.709.

IIGT "Trabucchi":

Il IIGT "Trabucchi" fu costituito in modo simile al IGT, anche se in questo caso le macchine sarebbero state le SM.82 con cui i tedeschi, dopo la loro richiesta, avevano costituito uno Staffel Savoia. Una volta formatasi intorno al primo aprile 1944 a Orio al Serio con tre squadre al comando del maggiore Alfredo Zanardi, l'unità ricevette il primo SM.82. L'istruzione dell'unità iniziò e l'addestramento del gruppo continuò fino alla primavera del 1944; furono necessari altri SM.82 prima che l'unità fosse trasferita a Goslar e resa minimamente operativa.

Infine, l'unità verrà trasferita a Goslar in Germania (dove c'era anche il IGT), partendo il 7 giugno 1944 con 48 SM.82 "Il 30 dello stesso mese il Gruppo iniziò la sua attività sul fronte orientale, ma la travolgente spinta sovietica convertì presto tutte le azioni del Gruppo in evacuazioni una dopo l'altra, subendo perdite e riducendo drasticamente il numero di aerei disponibili.

Questo fatto comportò il rimpatrio dell'Unità in Italia dopo poco più di quattro mesi di servizio, dove arriverà all'aeroporto di Ghedi il 1° novembre 1944. Come successe con gli uomini del IGT, anche gli uomini del IIGT saranno riconvertiti nell'VIII Battaglione Antiaereo. Questa unità opererà a Bergamo e nel suo territorio e, come i suoi compagni del "Terracciano", si occupò della sorveglianza degli aeroporti (con l'abbattimento di almeno un aereo nemico) e delle colonne di rifornimento di questi (dove subiranno a loro volta una perdita). L'armamento principale di cui il battaglione era dotato era la mitragliatrice da 12,7 mm. Il tutto fu infine consegnato agli Alleati il 28 aprile 1945.

IIIGT "De Camillis":

La terza Unità di Trasporto che fu creata fu il IIIGT "De Camillis" per ordine dello Stato Maggiore dell'ANR dell'8 giugno 1944, rimanendo al comando del Capitano Antonio De Camillis, ex comandante del Gruppo di Transporto Velivoli (GTV). Il nuovo Gruppo, assegnato alla Luftflotte II tedesca in Italia, aveva sulla carta (come gli altri due gruppi di trasporto) tre Squadroni: 1° Squadriglia comandato dal Sottotenente Sehnert Adolfo; 2° dal Tenente Scabello Ernesto e 3° dal Tenente Nespolo Pompeo. Si formò presso l'aeroporto Merna di Gorizia, con il quartier generale dell'aeroporto San Pietro di Gorizia, e fu sciolto senza aver svolto alcuna missione operativa tra la fine di agosto e il 15 settembre 1944 presso l'aeroporto San Pietro. Non raggiunse mai gli organici previsti per il suo personale, ne in termini di uomini ne di mezzi (composti da una gamma eterogenea di SM. 81, SM. 82, SM.84, CANT Z.1007, Caproni Ca. 135 o Fiat G.12).

▲ Due Ro 41 della scuola di volo di Casabianca, vicino a Chivasso.

▶ Uno dei due moderni velivoli SAI Ambrosini S.7 per l'addestramento del Reparto Aerei Collegamento a Bresso. Per gentile concessione della Pagina Facebook "A Difesa dei cieli d'Italia. Aeronautica Nazionale Repubblicana RSI"

▼ Uno degli alianti A.L. CVV6 "Canguro" del tipo usati a Cascina Costa durante l'inverno del 1944. Quin in una immagine del dopoguerra nel 1954 in Gran Bretagna.

ALTRI GRUPPI AEREI

GRUPPO DI TRASPORTO AEREO O GRUPPO DI TRASPORTO VELIVOLI (GTV)

Un'altra unità creata all'interno dell'ANR era il Gruppo di Trasporto Velivoli (GTV) che svolgeva diverse missioni come il trasporto VIP (aveva due SM.84 ad uso dei dirigenti di Mussolini e della RSI), l'evacuazione sanitaria, il trasporto, il collegamento, ecc.

L'Unità fu concepita dopo la nascita della RSI a Viterbo e iniziò ad operare spontaneamente dal 15 settembre 1943 dall'aeroporto di Aviano, sotto il comando del capitano Antonio De Camillis. L'unità fu consolidata dal personale del 18° Stormo Trasporti della Regia Aeronautica, e poco dopo fece base presso l'aeroporto Merna di Gorizia. I tipi di velivoli assemblati per il GTV erano molto variegati (tra cui almeno Caproni Ca.100 e Ca.164, Nardi FN.305, Avia FL.3, FIAT CR.32 e CR.42, G.50, Macchi C.200 e 202, e alcuni bimotore Caproni Ca.310 e 313) di cui potevano essere utilizzati in una ampia varietà di missioni.

Il GTV venne suddiviso amministrativamente in tre Squadriglie sotto il comando di: la 1ª dal Tenente Lamborghini, la 2ª dal Tenente Scabelli e la 3ª dal Tenente Nespolo; anche se in realtà e a livello pratico questa suddivisione molto artificiale non fu mai presa in considerazione.

Il 12 maggio 1944 il GTV fu trasferito a Padova con un bagaglio di 2.350 ore di volo fino a quel momento, trasportando 1350 uomini. Lì l'Unità risiederà a Padova, anche se subirà una serie di cambiamenti poiché l'8 giugno 1944 il suo capo Antonio De Camillis sarà scelto per comandare un nuovo Gruppo Trasporti che adotterà il suo cognome. Il 1 luglio 1944 il GTV fu posto sotto il comando del maggiore Zigiotti Pietro, e la 2a Squadriglia fu comandata dal tenente Lamborghini Renato, dopo la morte di Scabelli.

La situazione nei cieli del nord Italia era piuttosto complicata per il volo degli aerei di questa Unità, che, disarmati, non potevano che cercare di evitare di incontrare il nemico grazie alla tattica del volo a bassissima quota e alle ridotte dimensioni dei loro aerei in generale. Ma nonostante ciò, in numerose occasioni, ebbero un incontro con il nemico. La mattina del 9 agosto, 52 P-51D del 364th Fighter Group (dell'8th United States Air Force) decollarono dall'Inghilterra per un'azione di sorvolo e attacco agli aeroporti situati nell'area di Monaco. Intorno alle 10.40, la formazione si divise in diverse squadriglie iniziando il suo sistematico attacco tattico sui bersagli a terra. Alle 11.20 attaccarono l'aeroporto di Kaufbeuren, distruggendo a terra una ventina di aerei tedeschi che vi stazionavano. Mentre avveniva questo attacco, una coppia di P-51D pilotati dai tenenti John Gawienowski (5Y-G) e Frank T. Kozloski (5Y-P) avvistarono una piccola pattuglia di Saiman 202 che volava tranquillamente senza sapere cosa stesse succedendo a distanza ravvicinata.

Improvvisamente i caccia americani iniziarono il loro attacco agli aerei italiani, concentrando il fuoco sull'aereo del maresciallo Zorn che era il secondo aereo del sottotenente Zucconi. I due piloti americani abbatterono l'aereo e fiurono successivamente premiati con mezza vittoria ciascuno (una vittoria condivisa) per quell'azione.

All'inizio di agosto 1944, nell'ANR fu avviata una ristrutturazione che interessò anche il GTV. Secondo il rapporto del Capo di Stato Maggiore dell'ANR, il generale Tessari riferì che: "... il gruppo in questione è stato ridotto ad un nucleo organico di forza di 20 piloti con il compito di continuare il lavoro ora svolto dallo stesso gruppo. I piloti e il personale in eccesso saranno inviati al Comando di Specialità e il resto al Comando del Trasporto Aereo per la costituzione del 3° Gruppo Trasporti". Queste modifiche furono formalizzate il 3 agosto 1944. Ma tutta questa pianificazione fu subito fatta fallire fin dal primo momento a causa dell'azione dei tedeschi, che alla vigilia dell'"Operazione Felix" iniziarono a privare le diverse unità italiane di carburante, compreso il GTV, naturalmente.

Il nucleo del GTV in quei giorni fu allora trasferito in condizioni di completa inattività all'aeroporto di Lonate Pozzolo, dove nel settembre 1944 fu preso l'ordine di sciogliere l'Unità, lasciando i pochi uomini dell'Unità disponibili a trasferirsi in altri reparti dell'ANR.

Durante la seconda parte della sua attività, dal maggio all'agosto 1944, il GTV riuscì ad effettuare circa 660 ore di volo con 206 aerei, per un totale di 1.566 ore di volo. Questi numeri sono un chiaro esempio di come anche in piccole unità non combattenti come il GTV, gli uomini dell'ANR diedero il massimo per adempiere al loro impegno verso il loro paese.

REPARTO AEREO DI COLLEGAMENTO AEREO, RAC

Il "Reparto Aereo di collegamento" detto del Sottosegretario, venne costituito presso l'aeroporto di Bresso a Milano nel dicembre 1943 sotto il diretto controllo del sottosegretario del ministero dell'aviazione della RSI. L'Unità era sotto il comando del maggiore Bernardo Quattrociocchi, e si dedicava a molteplici compiti come il collegamento per il governo della RSI, la rappresentanza diplomatica della RSI, l'addestramento di piloti e specialisti, il salvataggio e il recupero, il recupero dei velivoli danneggiati, il trasporto leggero del personale, il lancio dei rifornimenti, l'osservazione, la posta, l'inserimento delle forze speciali, ecc. A tal fine fu equipaggiata con una variegata collezione di velivoli con cui operò fino all'ultimo giorno di guerra, composta da una trentina di velivoli mono e plurimotore, tra cui il Ca 133, SM.81, un SM.73 e un altro SM.83T e vari altri modelli.

L'SM.83T durante l'ultimo periodo della guerra fu utilizzato per trasportare in Spagna importanti documenti politici dalla RSI. Atterrò il 22 o 23 aprile 1945 all'aeroporto di El Prat de Llobregat, anche se con le insegne croate a causa del divieto di ingresso degli aerei dell'Asse in Spagna.

SCUOLA ALIANTI

La "Scuola di Volo a Vela", fu l'ultima unità dell'ANR ad essere organizzata, essendo stata ufficialmente costituita nel marzo 1945 sotto il comando del capitano Adriano Mantelli. Anche se in realtà già attiva da pochi mesi prima per integrare l'addestramento dei nuovi piloti così necessari nell'ANR. L'addestramento dei piloti si basava sull'utilizzo degli alianti Avia FL3, A.L. CVV6 "Canguro" e A.L. CVV2 "Asiago" a Cascina Costa durante l'inverno del 1944. Lo svolgimento della loro missione fu sempre più difficile da realizzare a causa del grande dominio esercitato dai velivoli alleati nei cieli del nord Italia; nonostante ciò, essi continuarono ad operare fino quasi alla fine del conflitto.

SCUOLA DI VOLO

A complemento della Scuola alianti c'era la "Scuola di Volo" di Casabianca, dipendente dal Raggruppamento Accademia di Forlì, che raggruppava gli aspiranti piloti provenienti dai corsi "Zodiaco" e "Aquila II". Si tratta solo di un'estensione degli stessi corsi tenuti presso l'Accademia Aeronautica della "Regia Aeronautica".

La Scuola venne fondata all'inizio del 1944 con l'utilizzo di diversi tipi di aerei a motore. All'inizio erano a disposizione della Scuola 37 velivoli, tra cui i vecchi (ma adattissimi alla missione di addestramento di nuovi piloti) Ca 100, FL.3, Breda 25 e Ro 41. A causa dei problemi bellici, l'attività della Scuola inizio di fatto solo il 10 giugno 1944, e la sua esistenza fu ancora più breve a causa degli attacchi dei cacciabombardieri alleati che il 17 agosto misero fuori uso la maggior parte dei velivoli.

Dopo quell'attacco, questa unità, che non disponette più di attrezzature aeree, smettendo di fatto di partecipare alle attività di addestramento dell'ANR.

REPARTO AEREO EGEO

Questa unità fu prevalentemente creata per la necessità di recuperare tutti gli aerei italiani nell'area dell'Egeo dopo l'armistizio. Sebbene alcuni di questi uomini dopo l'8 settembre 1943, scelsero di passare agli Alleati, altri rimasero dalla parte dell'Asse, questi divennero i membri della Divisione Aerotrasportata dell'Egeo. Circa 32 velivoli vennero recuperati dagli aerodromi di Gadurrà, Maritsa e Scarpanto, compreso il CR. 42, MC. 202, CANT Z.1007 e gli idrovolanti CANT Z.501 e Z.506.

Il 14 dicembre 1943 il sergente pilota Sancristoforo fu abbattuto sul suo MC.202 in un volo tra Rodi e Scarpanto. Questa è stata la prima vittima al servizio degli uomini di quell'Unità, a cui ne seguiranno altre nei mesi successivi.

L'Unità raggiunse la sua massima capacità operativa con circa 500 uomini, tra piloti, specialisti e personale di manutenzione.

GRUPPI OPERATIVI

Oltre ai reparti dei caccia, aerosiluranti, ecc., che fecero parte dell'ANR, ce n'erano altri, forse meno popolari, ma altrettanto efficienti nei loro compiti e legati all'ANR. Ci riferiamo all'Artiglieria Contraerea, al Servizio di Segnalazione di Scoperta Aerea (SSSA), al Raggruppamento Arditi Paracadutisti, Arditi paracadutisti Aeronautica Repubblicana, Servizio Stampa e Propaganda, Servizio Assistenza Internati o alla Flak Italien. Tra questi, anche se vanno oltre gli obiettivi di questo testo, ne citeremo i più notevoli:

ARTIGLIERIA CONTRAEREA

L'Artiglieria Antiaerea (AR.CO), erede di quella omonima nel Regno d'Italia, così come le altre strutture che componevano l'ANR, fu costituita per ordine di Ernesto Botto il 1 gennaio 1944. In seguito, il capo della struttura antiaerea della RSI, Giuseppe Giorgi, la modellò gradualmente, succedendo a Pietro Faschi nel febbraio 1944.

L'AR.CO. era strutturata in:
- Centro di allenamento: inizialmente a Monza, poi trasferito a Vicenza e in altre località.
- Centro di competizione con diverse sedi.
- Centro di classificazione.
- Centro di perfezionamento e di selezione degli ufficiali.

Per la difesa del territorio della RSI e soprattutto del Veneto furono attivati 7 gruppi di artiglieria contraerea in due Reggimenti con cannoni da 90/53 mm, 75/46 mm e 100/47 mm; oltre a sistemi di mitragliatrici da 20/65 mm e 37/54 mm; oltre a un gruppo fumogeno con sede a Ferrara (l'VIII Gruppo). Le aree in cui i due Reggimenti erano basati furono:
- 1° Reggimento composto da:
    I Gruppo "Amerio": con sede prima a La Spezia e poi a Verona.
    III Gruppo "Gambassini": a Mestre.
    IV Gruppo "Cavalli" di Vicenza.
- 5° Reggimento costituito da:
    II Gruppo "Frattini" : a Verona.
    V Gruppo "Lattanzi" : a Verona.
    VI Gruppo "Paganuzzi": a Vicenza.
    VII Gruppo Indipendente "Giordano": a Torino.

I loro risultati furono ottimali date le circostanze, dato che, in 654 azioni di fuoco, abbatterono circa 156 aerei nemici e probabilmente altri 65 (riusltando un complemento vitale e necessario per i Gruppi di Caccia dell'ANR nella loro attività). Il numero di colpi sparati dai cannoni fu di 265.240, e il numero di mitragliatrici raggiunse circa 400.000 proiettili. D'altra parte, almeno 644 uomini delle unità di artiglieria contraerea con personale italiano furono uccisi dal nemico.

SERVIZIO DI SEGNALAZIONE E SCOPERTA AEREA (SSSA)

Fondato nell'ottobre 1943, era un reparto complementare all'artiglieria antiaerea, in quanto avrebbe avuto la responsabilità di localizzare i bersagli in volo. Da non confondere con le unità radar appartenenti ai tedeschi, che evidentemente hanno collaborato anche in questo aspetto con l'ANR. C'è stata anche una collaborazione con i civili che hanno fatto rapporto all'SSSA dai loro posti di allarme civili. Rimase in servizio fino all'aprile 1945 con diversi centri di avvistamento in diversi capoluoghi di provincia, raggiungendo la cifra di 220 uomini uccisi in azione.

PARACADUTISTI

L'ANR, avvalendosi dell'esperienza del tenente colonnello paracadutista veterano Edvino Dalmas, istituì il Raggruppamento Arditi Paracadutisti e la Scuola Paracadutisti di Tradate, iniziando il reclutamento dei volontari e la loro successiva formazione.

I suoi primi "salti" ebbero luogo alla Fallschirmschule di Friburgo, dove furono inviati 150 uomini del gruppo "Nembo". I nuovi cadetti continuarono il loro addestramento e i voli a Venegono nella primavera del 1944. Dopo varie ristrutturazioni, il 22 aprile 1944, troviamo finalmente i Battaglioni che costituiscono la base dell'organigramma dell'Unità (ora chiamata "Folgore" Reggimento Paracadutisti): Iº Btg. "Folgore" (comandato dal Maggiore Mario Rizzatti), il IIº "Nembo" (comandato dal Capitano Guglielmo Recchia) e il IIIº Btg. "Azzurro" (comandato dal Capitano Alfredo Bussoli), ognuno dei quali costituito dallo Stato Maggiore, da quattro compagnie paracadutisti, da un plotone di collegamento e da un plotone di ingegneri. Tutti sono stati addestrati da personale tedesco; l'equipaggiamento e le armi provenivano da materiale fornito dalla Luftwaffe.

Lo sbarco alleato ad Anzio-Nettuno il 21 gennaio 1944, fu l'occasione per il battesimo di fuoco del primo battaglione di paracadutisti al comando del capitano Corradino Alvino. Questi furono integrati nella quarta divisione paracadutisti tedesca (sotto il comando del generale Heinz Trettner), combattendo con grande coraggio fino a maggio, bloccando la strada alle truppe alleate nella loro avanzata al costo di oltre il 70% delle loro perdite.

A fine maggio e inizio giugno 1944 il Battaglione "Nembo", insieme a tre compagnie della "Folgore" e ad altre tre dell'"Azzurro", venne inviato in prima linea nella zona di Roma. Lì si sono distinti in combattimento in luoghi come Cisterna, Pomezia, Aprilia, Acilia, Fosso dell'Acqua Bona o Castel di Decima; dove affrontarono il 1º e 5º Reggimento Corazzato britannico e il 46º Reggimento Corazzato britannico nella loro lotta sulla strada per Roma. La sua performance è evidenziata da una relazione del Quartier Generale del Führer.

Più tardi il Reggimento "Folgore" ritornò nella zona di Varese. Durante questo periodo vennero attuate diverse variazioni nell'organigramma strutturale dell'Unità, come la formazione dei Battaglioni di paracadutisti "Ciclone" e "Fulmine" e del Gruppo di Artiglieria "Uragano", di cui non parleremo in quanto non è la fine di questo testo.

Ricostituito nel nord Italia dopo aver subito perdite pari al 40% del suo personale, il Reggimento "Folgore" fu inviato sulle Alpi occidentali per difendere i passi del Moncenisio, del Monginevro e del Piccolo San Bernardo. Come abbiamo visto, come i vari reparti dell'ANR, i gruppi di paracadutisti hanno avuto una breve ma intensa partecipazione ai combattimenti dalla nascita alla fine della guerra. Le perdite subite sono state molto elevate, raggiungendo i 364 (368 secondo altre fonti) del Reggimento Paracadutisti "Folgore" e della Scuola Paracadutisti.

BATTAGLIONI ANTI-PARACADUTISTI
Questi battaglioni (Battaglioni Antiparacadutisti) furono formati con personale dell'ANR proveniente da diverse unità che vennero gradualmente sciolte e con nuove reclute. Non avevano un alto valore militare offensivo, risultando molto più utili in compiti difensivi. Tra questi si segnalano i battaglioni VII e VIII che erano composti da uomini dei gruppi "Terracciano" e "Trabucchi" come già detto. L'ANR è riuscita a formare altri sette battaglioni con missioni e posizione geografica simili.

BATTAGLIONE D'ASSALTO "FORLI'"
Questo gruppo era composto da piloti e altro personale che furono messi fuori servizio dopo lo scioglimento del 101º Gruppo Caccia il 21 marzo 1944. Dopo la scomparsa di questa unità, il tenente Riccardi organizzò la "Compagnia della morte di Arezzo" con l'intenzione di continuare a combattere, anche se questa volta sulla terraferma. Dopo essersi ritirato nei pressi di Forlì, questo gruppo si unirà alla XXV Brigata Nera "Italo Capanni" e ad alcuni uomini smobilitati dell'Aeronautica provenienti dalla Venaria Reale; dando vita al Battaglione d'Assalto "Forlì", con circa 25 uomini in totale. Nell'agosto 1944, Riccardi, trattò con il comandante della 278a divisione di fanteria tedesca, il generale Hope, per essere incluso nel suo quadro. Dopo aver raggiunto un accordo, il "Forlì" fu incorporato in uno dei tre reggimenti granatieri della 278a divisione, il 992. Da questo punto in poi, questi uomini, pur appartenendo originariamente all'ANR, rimasero legati alla Wehrmacht tedesca, con la quale parteciperanno con coraggio a molte battaglie. Anche se questa è già un'altra storia che, come detto, è al di fuori dello scopo del testo.

▲ Sopra e nella pagina precedente due poster di guerra per il reclutamento per l'artiglieria antiaerea ANR. Per gentile concessione della Pagina Facebook "A Difesa dei cieli d'Italia. Aeronautica Nazionale Repubblicana RSI".

▲ Diversi paracadutisti del battaglione "Nembo" nel giugno 1944. Per gentile concessione di Massimiliano Afiero.

▼ Sorridenti e apparentemente spensierati paracadutisti del battaglione "Nembo" con uno dei suoi stendardi. Per gentile concessione della Pagina Facebook "A Difesa dei cieli d'Italia. Aeronautica Nazionale Repubblicana RSI"

▲ Paracadutisti italiani del battaglione "Nembo" in combattimento, in una fotografia scattata prima del giugno 1944. Per gentile concessione della Pagina Facebook "A Difesa dei cieli d'Italia. Aeronautica Nazionale Repubblicana RSI"

▼ Un'altra foto in cui gli stessi paracadutisti italiani fraternizzano con un soldato tedesco della Luftwaffe. Per gentile concessione di Massimiliano Afiero.

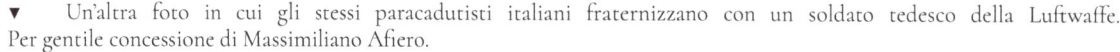

▲ Il sogno proibito dei piloti italiani, il Messerschmitt Me 262 A. Nella foto possiamo vedere uno Schwalbe al National Museum of the United States Air Force. DAYTON, Ohio (foto della US Air Force).

▶ La firma del Capitano Bonet, usata nel muso dell'aereo dello Squadriglia intitolato con il suo nome.

▼ Un caccia Me-163B con insegne tedesche dopo la fine della guerra. Un gruppo di piloti italiani iniziò ad addestrarsi per poter pilotare questo moderno aereo.

▲ Un caccia Macchis C.205 con marcature tedesche.

► Un Cr 42 "Falco" con emblemi della Regia Aeronautica. Questo aereo nella sua versione notturna (Cr 42N) venne utilizzato nel 170° Squadriglia caccia notturni e nel Gruppo caccia notturno autonomo.

▼ Un Dewoitine D.520 con emblemi della Regia Aeronautica. Sebbene l'ANR avesse diversi D.520, esso non veniva usato nelle azioni di combattimento.

▲ Diversi piloti ANR impegnati in un briefing per una missione. Il carattere "indomito" dei piloti ha permesso all'ANR di persistere come forza aerea indipendente. Per gentile concessione di Massimiliano Afiero.

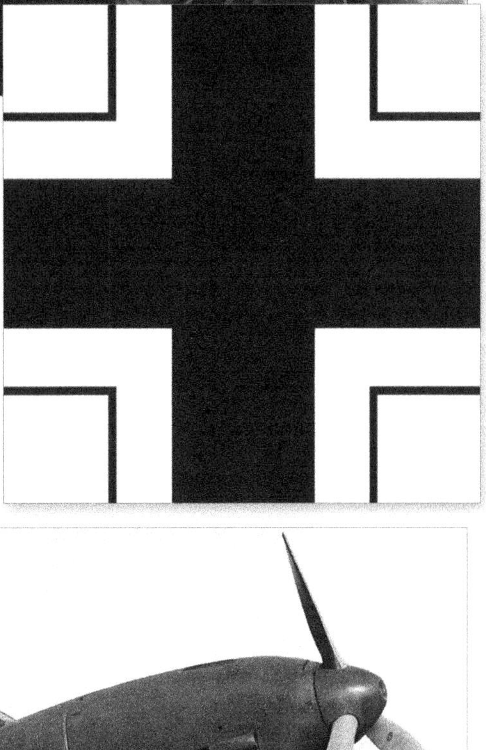

▶ Il roundel della Luftwaffe fu usato per un periodo di tempo dagli aerei ANR insieme agli emblemi italiani.

▼ Un Re 2001 "Falco" con emblemi Regia Aeronautica. Questo aereo nella sua versione da caccia notturno (Re 2001CN) è stato utilizzato nel gruppo autonomo di caccia notturno e nel 170° squadriglia di caccia notturno per un periodo molto breve.

▲ Messerschmitt Bf 109G10 appartenente alla 2a Squadriglia I Gruppo Caccia ANR a Lonate Pozzolo, aprile 1945. Sul naso possiamo vedere l'Asso di Bastoni. Per gentile concessione di Massimiliano Afiero.

▼ Diversi meccanici nella messa a punto di un Messerschmitt Bf 109G10 appartenente alla 3a Sq I Gruppo Caccia a Lonate Pozzolo, aprile 1945. Per gentile concessione di Massimiliano Afiero.

BIBLIOGRAFIA

LIBRI

-Angelucci, Enzo; Matricardi, Paolo, Pinto, Pierluigi. " Complete book of World War II Combat Aircraft". White Star Publishers. 2001.

-Apostolo, Giorgio ; Cattaneo, Gianni ; Massimello, Giovanni. " Aermacchi C.205". La Bancarella Aeronautica. 2008.

-Beale, Nike; D'Amico, Ferdinando; Valentín, Gabriele. "Air War Italy. 1944-45". Airlife Publishing. 1996.

-Borloni, Fulvio. "Breve sintesi storica dell'Aereonautica della Repubblica Sociale Italiana. 8 settembre 1943 29 aprile 1945" . Centro Regionali Studi di Storia Militare Antica e Moderna. 1999.

-Brookes, Andrew. "Air War Over Italy ". Ian Allan Publishing. 2000.

-Cosín Ramírez, Oscar. "Aeronautica Nazionale Repubblicana" en Boletín Especial Aviación Histórica Italiana en revista Asociación Aire. En www.aire.org. Marzo 2011.

-D'Amico, Ferdinando, Valentini, Gabriele. "Regia Aeronautica. Volume 2" Squadron/signal Publications. 1986.

-D'Amico, Ferdinando, Valentini, Gabriele. Articolo di D'Amico-Valentini. "Tre Aerei In Fuga".

-D'Amico, Ferdinando, Valentini, Gabriele. Articolo di D'Amico-Valentini. "Tre Storie".

-D'Amico, Ferdinando, Valentini, Gabriele. Articolo di D'Amico-Valentini. "Italiani Sul Baltico".

-D'Amico, Ferdinando, Valentini, Gabriele. Articolo di D'Amico-Valentini. "Les derniers combats de L´A.N.R.".

-Di Terlizzi, Mauricio. "Fiat G.55 Centauro". IBN Editore. 2001.

-Di Terlizzi, Mauricio. "Reggiane RE 2005" Sagittario. IBN Editore. 2001.

-Francesconi, Teodoro. "RSI e guerra civile nella bergamasca". Greco&Greco Editori. 2006.

-Gentilli, Roberto. "Savoia Marchetti S.79 in action" Squadron/signal Publications. 1986.

-Gentilli, Roberto; Gorena, Luigi. "Macchi c.202 in action" Squadron/signal Publications. 1980.

-Gori, Cesare. " SIAI S.79". La Bancarella Aeronautica. 2008.

-Gretzingyer, Robert; Matusiak, Wojtek. "Los ases del Bf 109 en el Mediterráneo y el norte de África". Ediciones del Prado. 1999.

-Holmes Tony. "Jane's Pocket guide Fighters of World War II". Harpers Collings Publishing. 1999.

-Massimello, Giovanni; Apostolo, Giorgio. "Italian Aces of World War 2". Osprey Publishing. 2000.

-Mattioli, Marco. "Mussolini's Hawks. The Fighter Units of the Aeronautica Nazionale Repubblicana 1943-1945". IBN Editore. 2012.

-Mondey, David. "The Hamlyn Concise Guide to Axis Aircraft of World War II". Chancellor Press. 1984.

-Neulen, Hans Werner. "In the skies of Europe". The Crowood Press. 2000.

-Nick Beale, F. D'Amico e Gabriele Valentini, Air War Italy 1944–45, the Axis Air Forces from the Liberation of Rome to the Surrender (Airlife Publishing Ltd., Shrewsbury, May 1996) ISBN 1 85310 252 0

-Pegg, Martin. "Transporter. Volume Two". Ian Allan Publishing. 2006.

-Punka, George. " Reggiane Fighters in action" Squadron/signal Publications. 2001.

-Roba, Jean-Louis; Pegg, Martin. "The Mediterranean. 1943-45." Ian Allan Publishing. 2004.

-Sguazzero, Tiziano. "Fonte diaristique per la storia dei bombardamenti di Friuli ". Archivo di stato di Udine. 2009.

-Waldis, Paolo; De Bortoli, Marino . "C.202-205.1943-1948". La Bancarella Aeronautica. 2004.

-Waldis, Paolo; De Bortoli, Marino. "Aeronautica Italiana Caccia & Assalto . 1943-45. Parte III". La Bancarella Aeronautica. 2009.

SITI WEB

http://digilander.libero.it/amedeofagiano   L'Album di Amedeo Fagiano

www.15thaf.org/   The Fifteenth Air Force

www.2ndbombgroup.org/15thAirForce.htm   15thAirForce

www.asso4stormo.it

www.asso4stormo.it   Associazione Culturale 4°Stormo Gorizia

www.eaf51.org   51º Stormo EAF "Italo Sapienza"

www.elgrancapitan.org/foro

www.finn.it   Aerei della Regia Aeronautica.

www.forum.12oclockhigh.net

www.stormomagazine.com/references.htm   Stormo. The Online Magazine of the Regia Aeronautica and the Aeronautica Nazionale Repubblicana

www.weaponsandwarfare.com   Weapons and warfare. Military History and Hardware.

www.wwiiaircraftphotos.com

www.xflottigliamas.forumfree.it

TITOLI GIÀ PUBBLICATI
TITLES ALREADY PUBLISHING

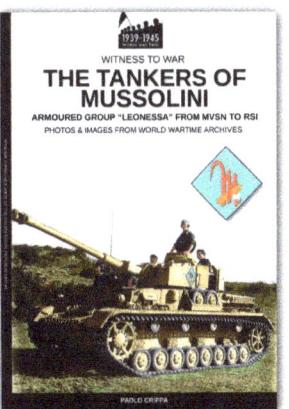
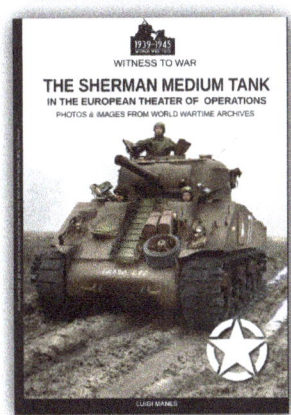

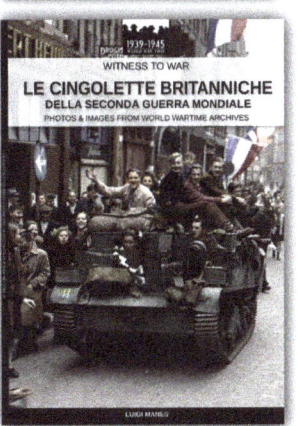

BOOKS TO COLLECT

www.ingramcontent.com/pod-product-compliance
Lightning Source LLC
LaVergne TN
LVHW070527070526
838199LV00073B/6719